TABLETTES PARISIENNES

qui contiennent le Plan

de la Ville & des Faubourgs

DE PARIS

divisé en vingt Quartiers

Avec une dissertation sur ses aggrandissemens,
et une Table alphabetique pour trouver
les Rues, Quais, Ports, Places publiques, Colleges, &c.
de cette Ville.

Par le S. ROBERT DE VAUGONDY Geog. Ord. du Roi,
de S.M.Polon.Duc de Lorr.et de Bar, et de la Societé Royale
de Nancy.

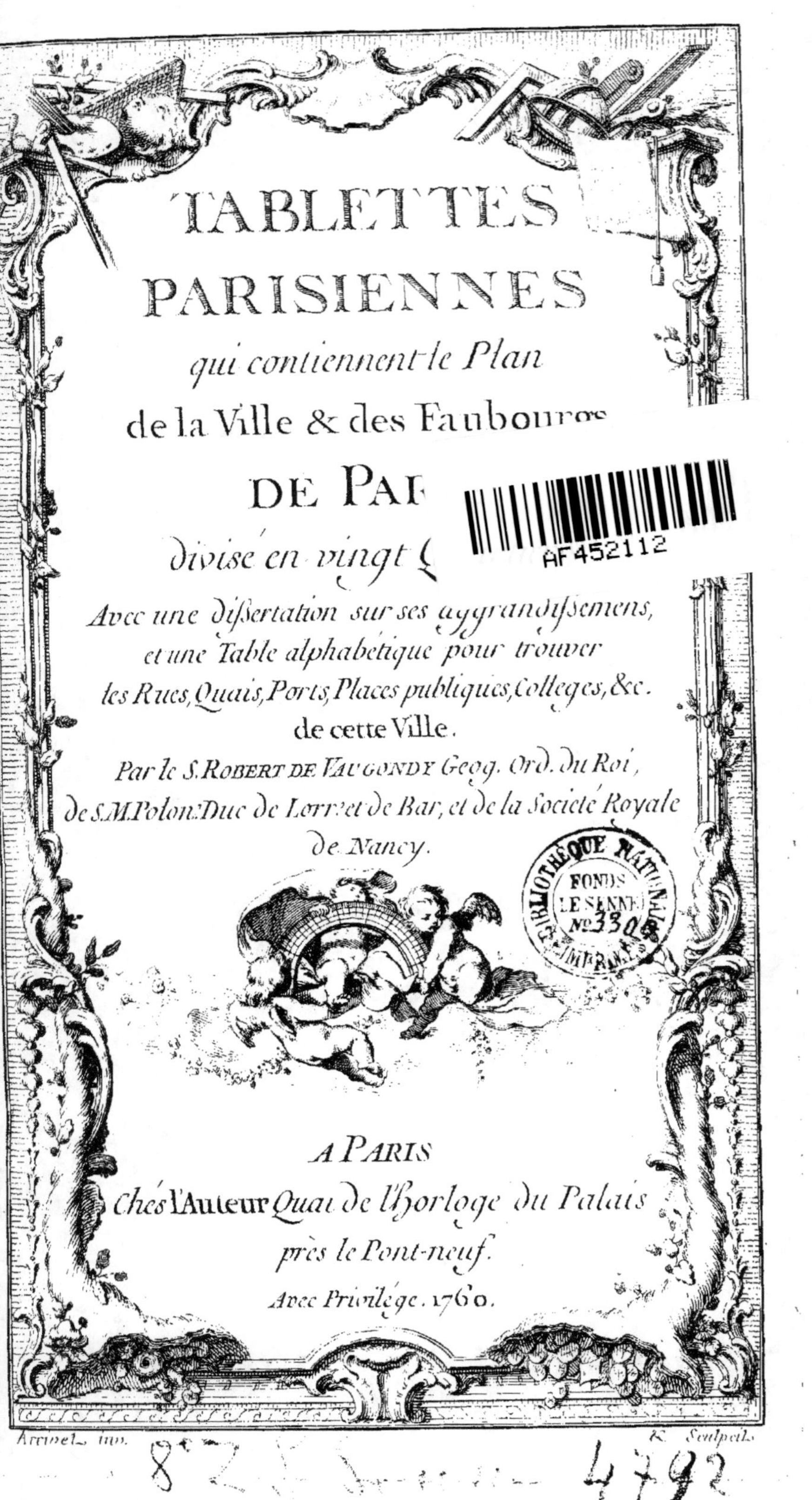

A PARIS

Chés l'Auteur Quai de l'horloge du Palais
près le Pont-neuf.
Avec Privilege. 1760.

Le recensement qui a été fait de la ville et des faubourgs de Paris par ordre de Mr le préfet de la Seine à la fin de 1816 et au commencement de 1817 donne pour résultat sept cent quinze mille habitans; deux cent vingt sept mille deux cent cinquante ménages et vingt sept mille trois cent soixante et onze maisons.

AVERTISSEMENT.

Lorsque je publiai mon Plan de Paris j'avois intention de lui procurer toute l'utilité possible ; aussi je pensai ne pouvoir mieux remplir cette idée qu'en lui donnant une forme portative. C'est ce que je presente ici sous le nom de *TABLETTES PARISIENNES*, et je le fais avec d'autant plus de confiance, que beaucoup de personnes m'ont engagé à les satisfaire sur cet objet.

Il ne me falloit plus qu'obtenir un moyen pour trouver, sur chacune des petites cartes qui composent ces Tablettes, les Rues, Culs-de-sacs, Places, &c, que l'on désire. J'ai imaginé pour cet effet la Table suivante dont l'usage ne sera point difficile, par l'application que je vais en faire.

Il s'agit en tout de chercher dans la Table alphabétique, qui suit immediatement mon Mémoire, le Renvoi par lettre et chiffre de l'objet que l'on veut trouver. Si ce Renvoi est a 2, il faut recourir à la petite Table suivante, dans laquelle ces Renvois sont rangés par ordre alphabétique et numérique; pour lors l'on verra dans la lettre A que ce Renvoi repond à la Planche IV, de même que le Renvoi a 8 appartient à la Planche VI.

Cherche-t-on par exemple, la rue Mouffetard designée dans la grande Table par h 3? L'on verra dans la petite Table à la lettre H qu'elle se trouve dans la Planche II; la Place de Louis XV, désignée c 3, dans la Planche IV; l'Eglise de Nôtre-Dame désignée h 6, dans la Planche I; et ainsi des autres.

Le prix de ce Plan de Paris portatif en brochure est de.. 8ᵗ
Relié en veau.. 9ᵗ 12ˢ
En Tablettes de Maroquin noir ou bleu garnies en cuivre... 21ᵗ
———————————————— garnies en argent..... 24ᵗ
En Tablettes de Maroquin rouge, garnies en Vermeil......... 27ᵗ

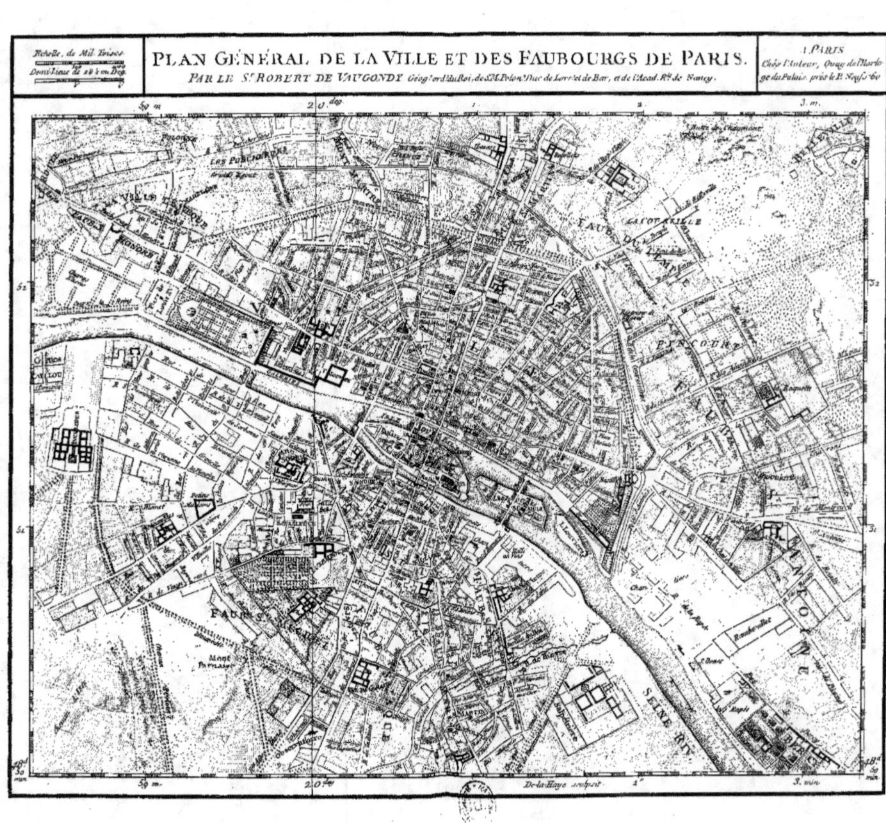

Echelle, de Mil. Toises
Demi-Lieue de 2½ ou Deg.
PLAN GÉNÉRAL DE LA VILLE ET DES FAUBOURGS DE PARIS.
PAR LE Sr ROBERT DE VAUGONDY Géogr. ord. du Roi, de S. M. Polon. Duc de Lorr. et de Bar, et de l'Acad. Re de Nancy.
A PARIS
Chez l'Auteur, Quay de l'Horloge du Palais, près le P. Neuf. 1760
De-la-Haye sculpsit.

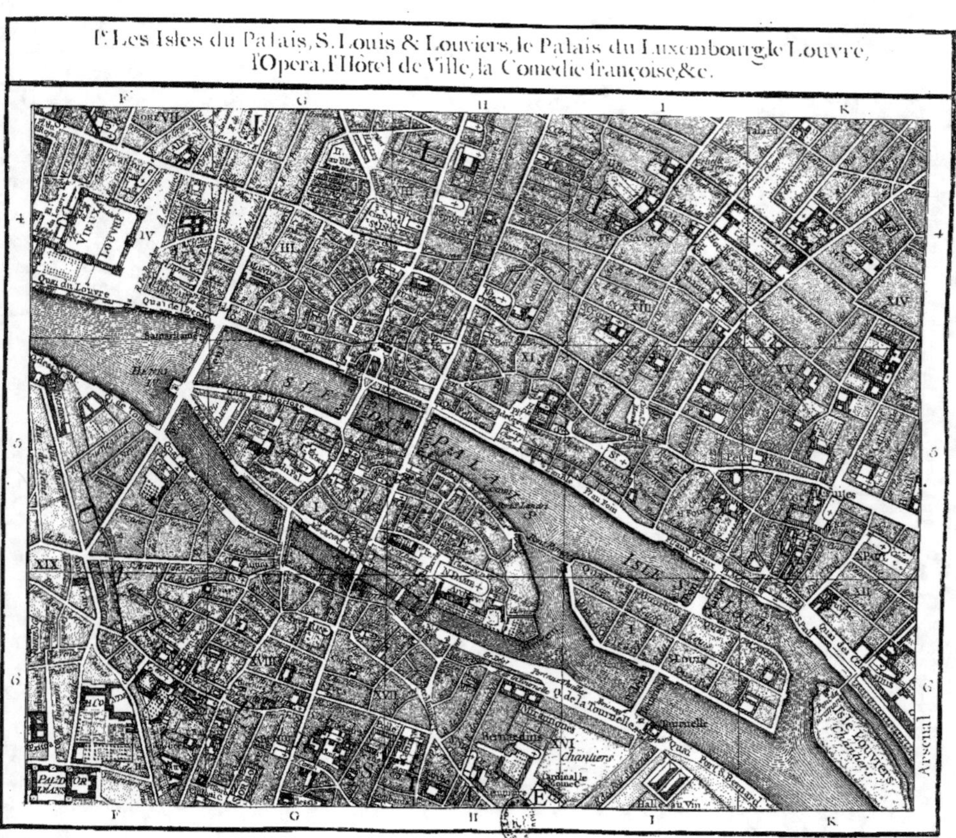
I.e Les Isles du Palais, S. Louis & Louviers, le Palais du Luxembourg, le Louvre,
l'Opera, l'Hôtel de Ville, la Comedie françoise, &c.

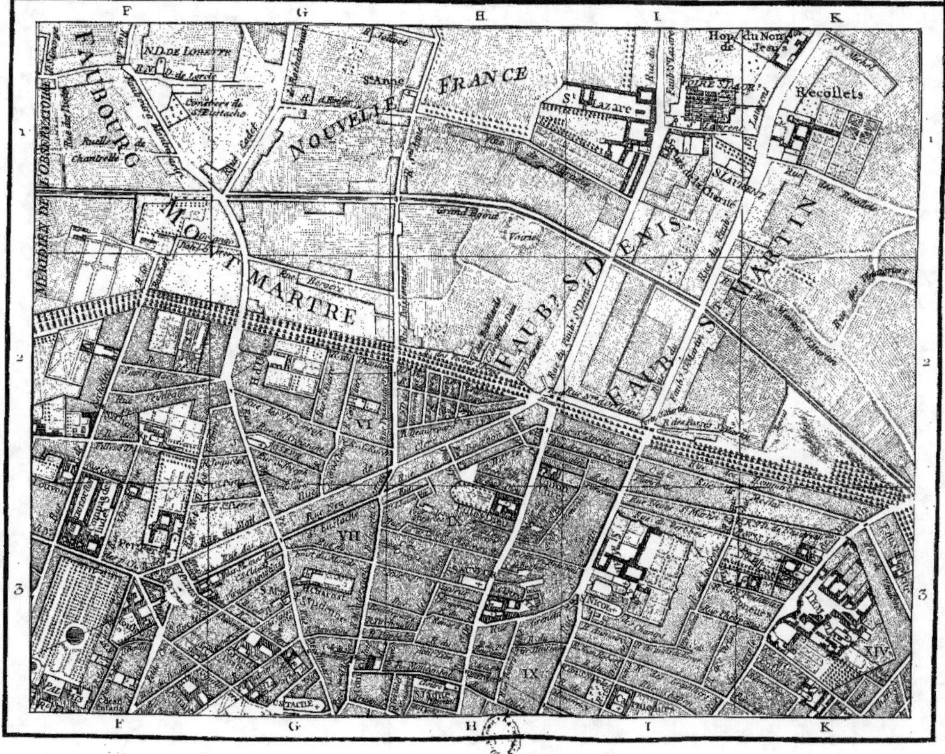
F
G
H
I
K
FAUBOURG
N.D. DE LORETTE
St Anne
NOUVELLE
FRANCE
St Lazare
Hop. du Nom de Jesus
Recollets
FAUBOURG MONTMARTRE
MERIDIEN DE L'OBSERVATOIRE
grand Egout
Voirie
FAUB. S. DENIS
FAUB. ST MARTIN
VI
VII
IX
X
XIV
IX
F
G
H
I
K

III.e l'Entrée du Jardin du Luxembourg, les Faubourgs S. Jâques, S. Marcel, S. Victor,
les Gobelins, S.te Géneviéve, le Jardin du Roi, &c.

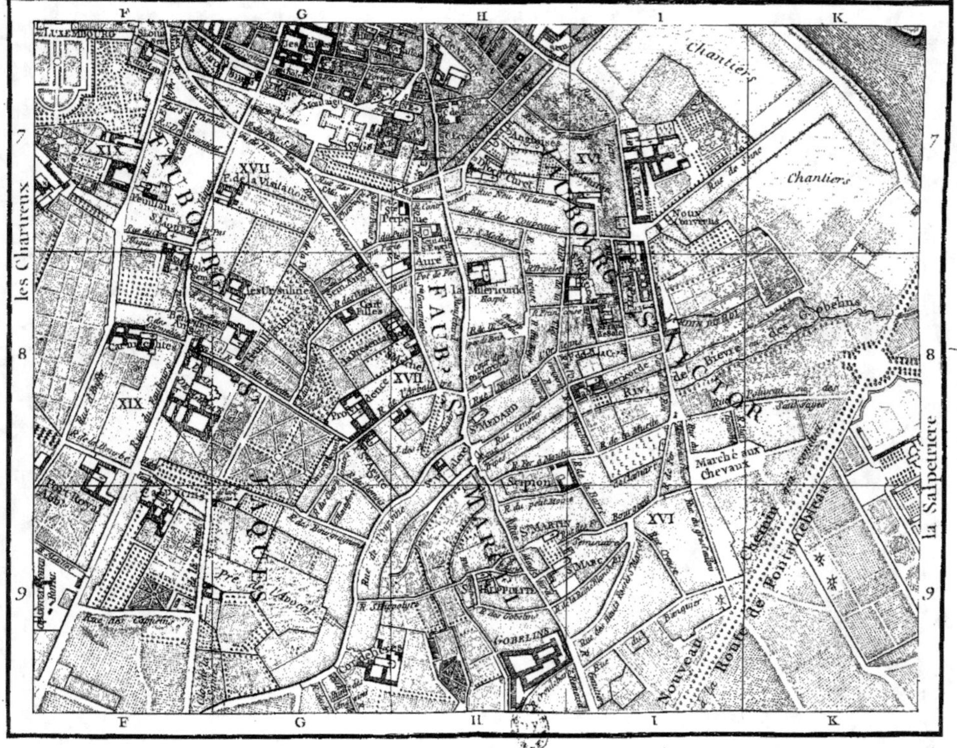

LUXEMBOURG
Chantiers
Chantiers
les Chartreux
FAUBOURG
XVII
P. de la Visitation
Chantiers
Nouv. bâtiment
Rue de Sève
FAUBOURG S. VICTOR
les Ursuline
la Miséricorde Hopital
des Gobelins
XIX
FAUB. S.
de Bièvre
la Salpetriere
XVII
S. MEDARD
Marché aux Chevaux
Scipion
XVI
MARC
S. HIPPOLITE
Nouveau Ire Route de Fontainebleau
GOBELINS
Rue des Capucins

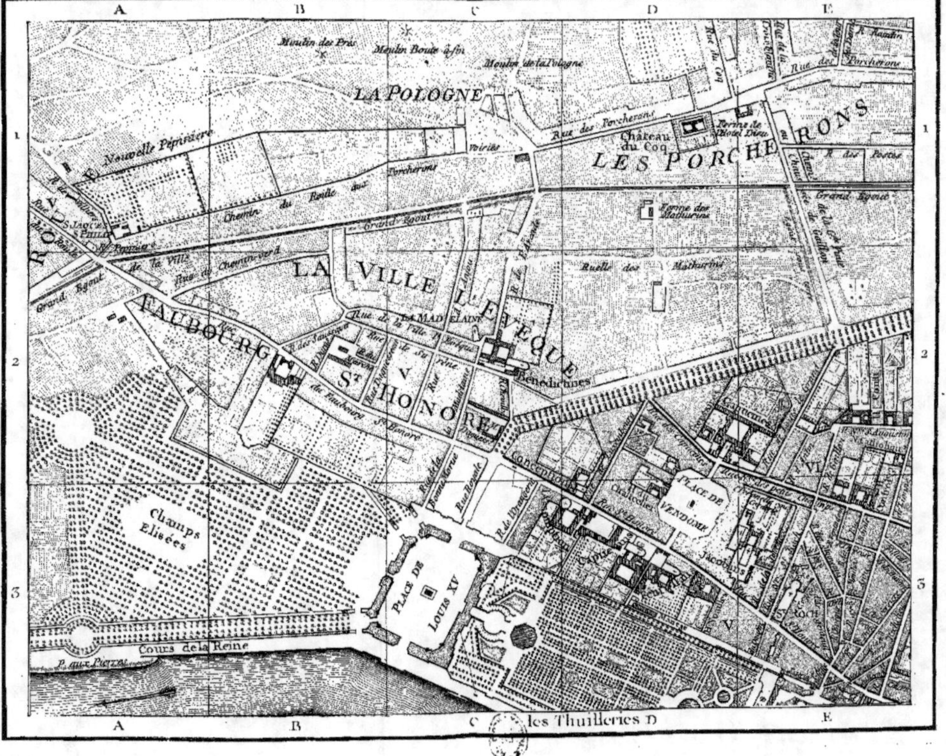

IV. Le Jardin des Thuilleries, la Place de Louis XV, les Champs Elisées,
la Place de Vendôme & la Ville-l'Evêque.

Moulin des Prés
Moulin Boule à fin
Moulin de la Pologne
LA POLOGNE
Nouvelle Pépinière
Rue des Porcherons
Château du Coq
Ferme de Hôtel Dieu
LES PORCHERONS
R. du Coq
Voiries
Chemin du Boite des Porcherons
Grand Egout
Ferme des Mathurins
Ruelle des Mathurins
LA VILLE L'EVÊQUE
Rue de la MADELAINE
FAUBOURG
St HONORÉ
Benedictines
Champs Elisées
PLACE DE VENDÔME
PLACE DE LOUIS XV
Cours de la Reine
P. aux Pierres
les Thuilleries

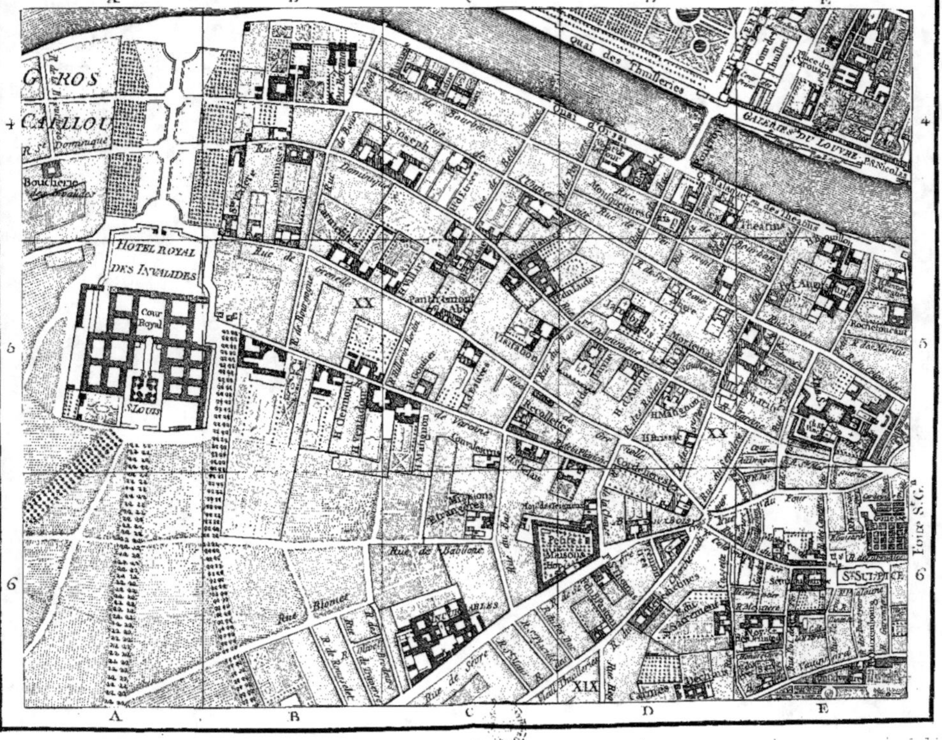
V.e Partie du Faubourg S Germain ou se trouvent l'Abbaye, la Foire, les Incurables,
les petites Maisons, l'Hotel royal des Invalides, &c.
GROS CAILLOU
R. S.t Dominique
Boucherie des Invalides
HOTEL ROYAL DES INVALIDES
Cour Royal
S. LOUIS
Quai des Thuilleries
Quai d'Orsay
GALERIES DU LOUVRE
R. S.t Nicolas
Rue de Bourbon
S.t Joseph
Rue Dominique
Rue de Grenelle
Panthemont
Abb.e
XX
Rue de Varenne
Rue de Babilone
Rue Blomet
Rue de Sèvre
PETITES MAISONS
Foire S.t G.
S.t Sulpice
XX
XIX

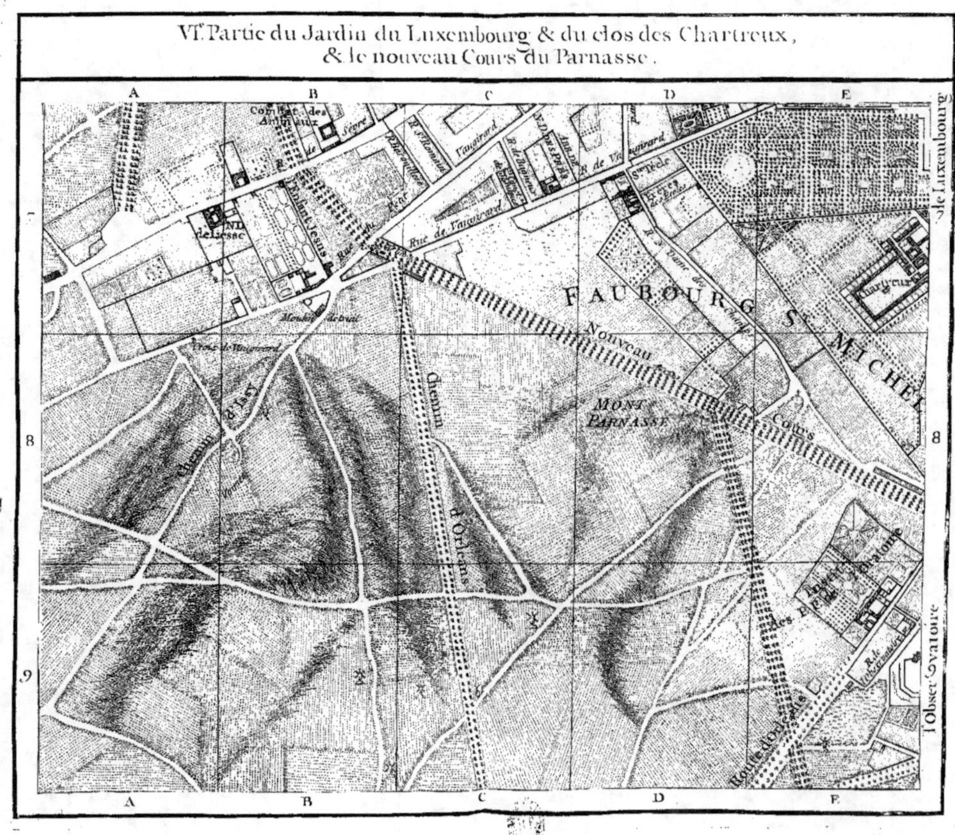

VI.e Partie du Jardin du Luxembourg & du clos des Chartreux,
& le nouveau Cours du Parnasse.
A
B
C
D
E
Combat des Animaux
Sègre
Vaugirard
Rue de Vaugirard
N.D. de Liesse
Moulin de Buit
Cours de Vaugirard
Chemin
Chemin d'Orleans
Nouveau
MONT PARNASSE
FAUBOURG S.t MICHEL
Chartreux
S.te Tecle
Cours
des Enf.s Trouvés
Route doublée
l'Observatoire
Rue de Luxembourg
8
9
A
B
C
D
E

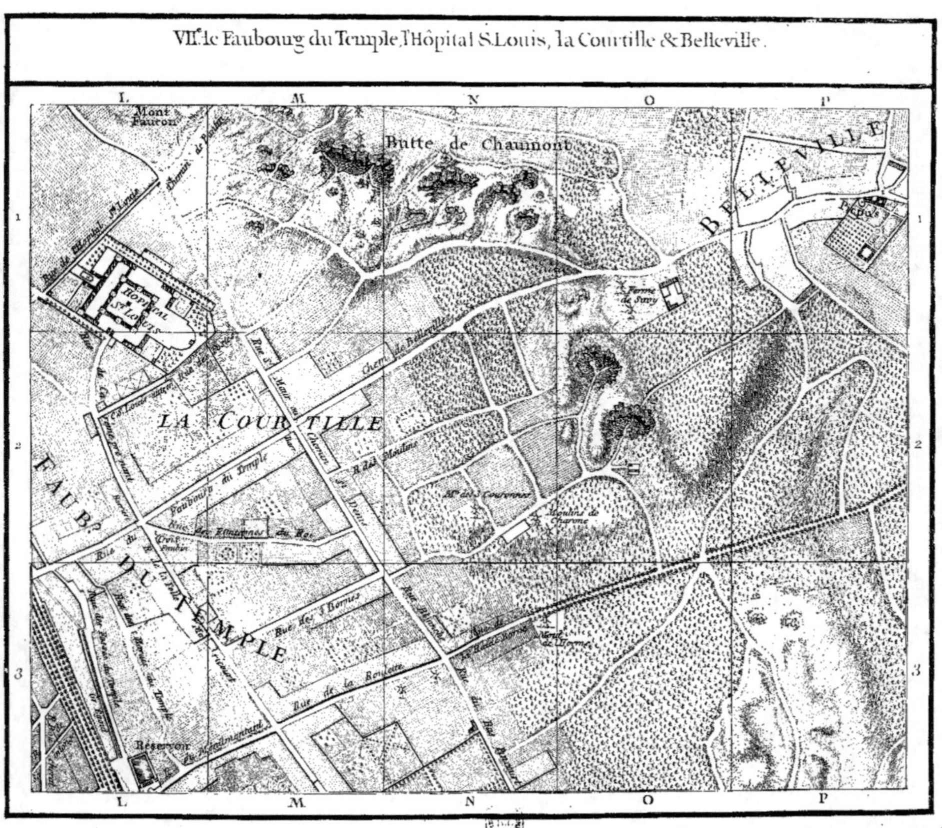
Mont Fauron
Butte de Chaumont
BELLEVILLE
Hôpital S.t Louis
LA COURTILLE
FAUB.g DU TEMPLE
Chem. de Belleville
Ferme de Savy
M.lin de Couronne
Moulins de Charone
Rue du Templ.
Faubourg du Templ.
Rue des Étrennes du Roi
Rue de l'Orme
Rue des Moulins
Rue de l'Orme
Rue de la Rouette
Réservoir
L M N O P
1
2
3

VIII.ᵉ la Place, Royale, la Bastille, l'Arsenal, le Faubourg S. Antoine, & Pincourt.

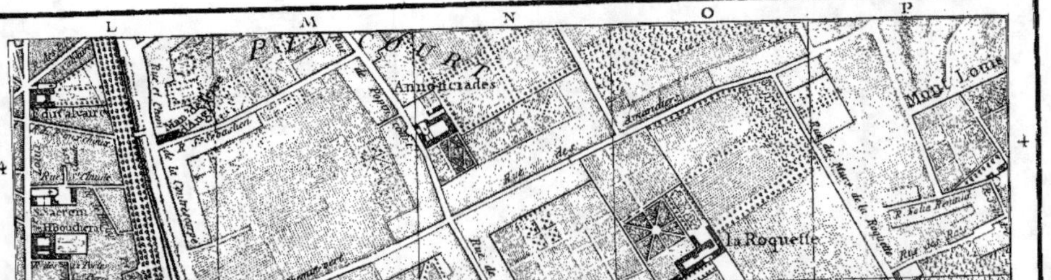

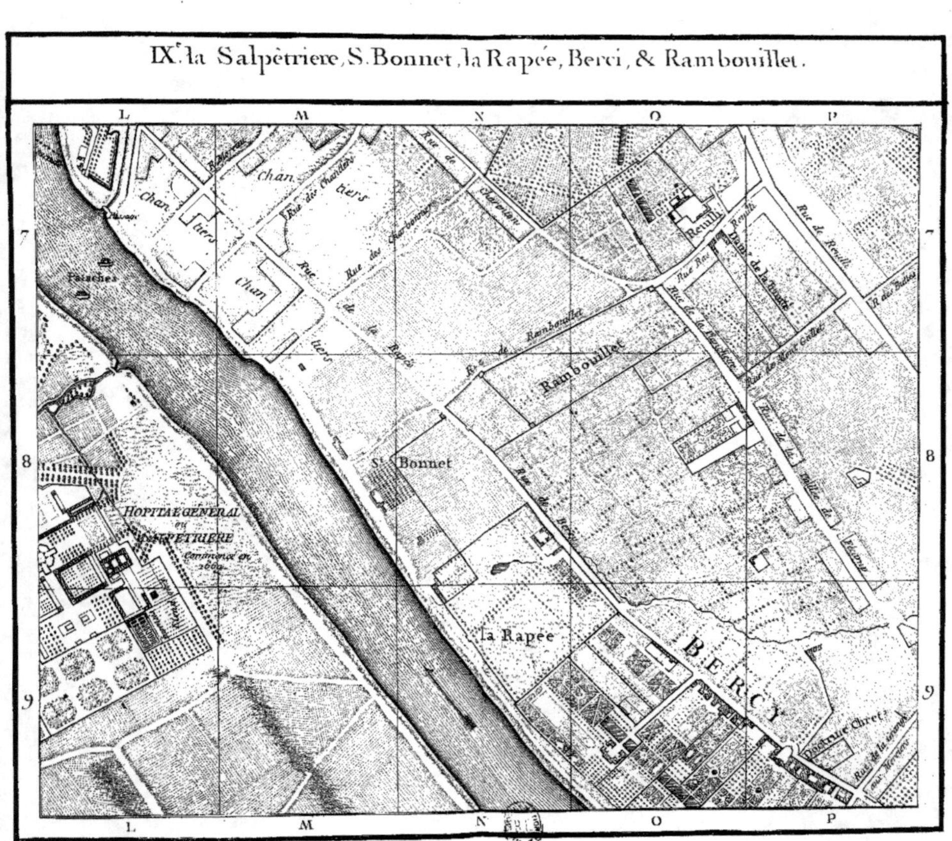
L
M
N
O
P
Rue des Chantiers
Chan.
Chan.
Chan.
tier
Havau
Foireries
Rue de
Rue des
de
la Berch
Rue de Rambouillet
Reuill
Rue de Reuill
Rue de la motte
R. des Bules
Rambouillet
St. Bonnet
HOPITAL GENERAL
ou
SALPÊTRIERE
Commence en
1661
la Rapée
BERCY
Rue Chret
Rue de la grand
aux Mercier
L
M
N
O
P
7
7
8
8
9
9

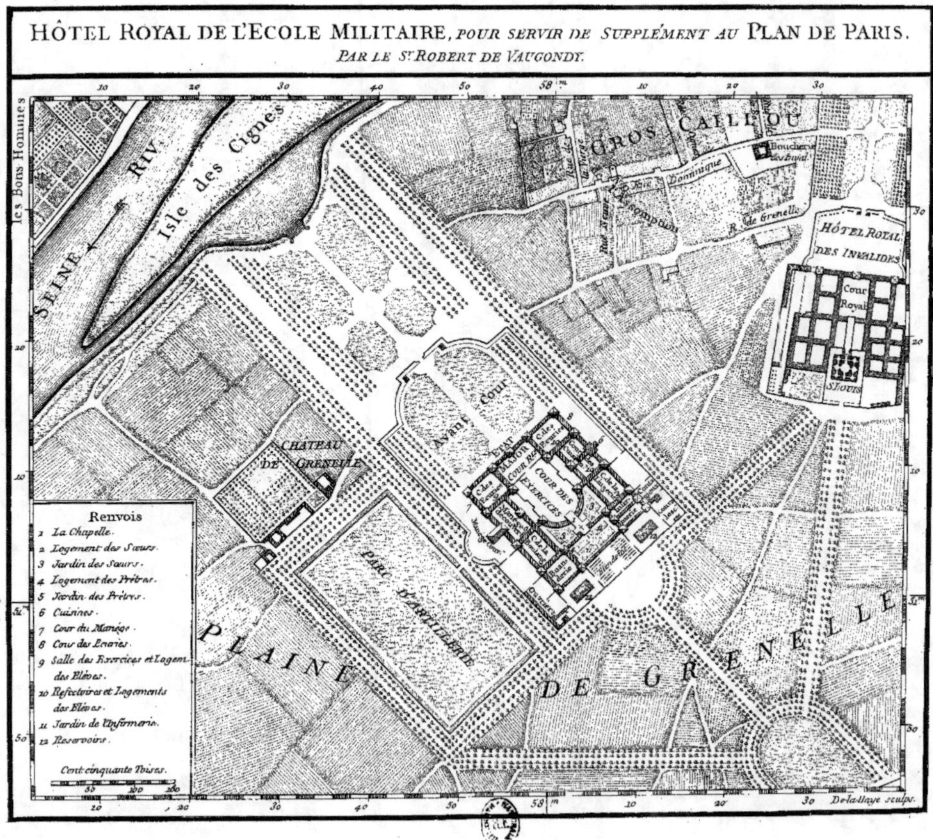

HÔTEL ROYAL DE L'ECOLE MILITAIRE, POUR SERVIR DE SUPPLÉMENT AU PLAN DE PARIS.
PAR LE Sr ROBERT DE VAUGONDY.
les Bons Hommes
SEINE
RIV
Isle des Cignes
GROS CAILLOU
Boucherie actuel
R. de Grenelle
HÔTEL ROYAL
DES INVALIDES
Cour Royal
S. Louis
CHATEAU DE GRENELLE
Avant Cour
Cour des Exercices
Cour Royal
PLAINE
Parc de l'Ecole Militaire
DE GRENELLE
Renvois
1 La Chapelle.
2 Logement des Sœurs.
3 Jardin des Sœurs.
4 Logement des Prêtres.
5 Jardin des Prêtres.
6 Cuisines.
7 Cour du Manège.
8 Cour des Ecuries.
9 Salle des Exercices et Logem. des Elèves.
10 Refectoires et Logements des Elèves.
11 Jardin de l'Infirmerie.
12 Reservoirs.
Cent cinquante Toises.
50   100   200
Delahaye sculps.

MÉMOIRE

SUR

LE PLAN DE PARIS.

SI je préfente au public *un plan de la ville & des fauxbourgs de Paris*, c'eft pour remplir les défirs de la plupart de ceux qui ont foufcrit au grand *Atlas* que nous avons publié il y a quelques années. Je reconnus en effet que cette collection ne devoit pas être privée d'un fujet fi intéreffant ; mais il demandoit du tems pour l'exactitude dans fa compofition, & pour l'élégance dans l'exécution ; objets dont je crois avoir rempli toute l'étendue.

Quant au premier, j'ai fait ufage de plufieurs quartiers de la ville que j'avois levés géométriquement, en faifant appliquer fur le terrein à mes élèves les principes de mathématiques que je leur avois enfeignés. De plus, muni des plans de Combouft, Rochefort, Delacaille & autres, dont l'exactitude eft reconnue, & qui ont fervi de bafe aux meilleurs que l'on a publiés depuis le commencement de ce fiècle, je les ai comparés entr'eux & ces derniers. Les différences que j'y ai trouvées m'ont engagé à vérifier fur les lieux, & m'ont mis en état de corriger même les plus modernes. Entre ceux-ci je n'avouerai de bons que ceux de Delifle, Rouffel & Delagrive, parce qu'ils ont fuivi plus exactement les autres, & fouvent même trop fcrupuleufement en différens endroits, quand ce ne feroit, pour exemple, que le *Cul-de-ſac Bertaud* qu'ils con-fondent avec celui *des Anglois* dans la rue *Beaubourg,* & le *jeu de l'Arquebuſe* qu'ils placent à l'endroit de la boucherie de la *Porte S. Antoine*, tandis qu'il eſt ſitué en face de la grande place à l'entrée de la *rue de la Roquette.* Pour les autres eſpèces de plans dont on eſt inondé, ce ne ſont que de mauvaiſes copies de bons ouvrages, dans leſquelles on ne trouve pas même ce que les tables indiquent, & qui ſont pour-tant données pour avoir été levées exactement. Mais mon intention n'eſt pas de critiquer ces plans, ce ſeroit les reconnoître ſuperieurs à ce qu'ils ſont en effet, que d'en occuper davantage le Lecteur.

Je n'ai pas été moins ſcrupuleux pour le détail des *Fauxbourgs* que pour l'intérieur de la *Ville.* L'on trouve dans ce *Plan* le topographique des endroits qui peuvent intéreſſer davantage le public, comme le *Temple*, l'*Abbaye S. Germain*, *S. Jean de Latran*, & une infinité d'autres dont la liſte deviendroit en-nuyeuſe & même inutile. Les jardins & les promena-des publiques ſont des objets qui, par leur étendue, pouvoient être ſuſceptibles d'une préciſion que l'on ne trouvera point dans les jardins des hôtels ou mai-ſons particulières, à cauſe de la petiteſſe du point de mon *Plan.* Je n'ai point fait difficulté d'y repré-ſenter comme faits ces grands bâtimens qui font l'ornement & l'utilité de la ville, comme l'hon-neur de notre ſiècle, tels que la *Place de Louis XV*, l'*Egliſe de ſainte Géneviève*, les *Quinze-vingts* & l'*Ho-pital général*, en obſervant toutefois d'y marquer pour la poſtérité l'année où ils ont été commencés. Enfin l'on y diſtingue facilement ce qui forme pré-ſentement toute la Ville, tant au nord qu'au ſud, d'avec ce qui porte le nom de Fauxbourg, par la différence de teinte que j'ai fait donner aux maſſifs des maiſons.

Dans les différens endroits où j'ai été obligé de

me tranfporter, j'ai eu foin de prendre des notes exactes des veftiges de ces anciennes clôtures qui fermoient la Ville dans les tems les plus reculés, & qui font connus de peu de perfonnes. Un trait fimple fert à indiquer celles dont il ne refte plus de veftiges, mais dont on peut cependant conjecturer la fituation par la connoiffance de quelques parties d'autres qui fubfiftent encore, & qui font diftinguées avec les tours par un double trait; de même que les portes de ces enceintes font marquées par un gros point long, aux lieux où elles étoient fituées. Toutes ces particularités qui ont exigé la vue du local, & qui ont donné beaucoup de moyens de corriger les plans antérieurs, deviendront encore plus intéreffantes par une efpèce de differtation hiftorique qui va fuivre, & pour laquelle il m'a fallu confulter Dubreuil, Sauval, Corrozet, Delamare & autres. L'amateur de l'antiquité y reconnoîtra avec plaifir les différens âges de cette capitale, pourra par des couleurs différentes s'en former les époques & lire avec plus de fruit les hiftoriens qui en parlent, qu'avec ces plans qui font dans le bel ouvrages du commiffaire Delamare, plutôt pour le deshonorer que pour le rendre recommandable.

J'ai confulté auffi tous les dépôts publics où je penfois devoir trouver des moyens de conftater en réalité ce qui ne m'avoit été procuré que par conjectures, & je ne crains point de dire la furprife où j'ai été de ne trouver autre chofe que le plan qui a été publié il y a quelques années, dans lequel font exprimés l'enceinte de Charles IX, & des veftiges de celle de Philippe Augufte. Il feroit avantageux pour la connoiffance de l'ancienne topographie de *Paris*, que les propriétaires des maifons fituées dans les environs où l'on foupçonne de ces monumens, portaffent leurs foins dans les réédifications qu'ils font faire, à vifiter eux-mêmes les fouilles des fondations, & d'en prendre des notes ; & même quand par ordre de la police, lorsque l'occasion s'en présenteroit, l'on sonderoit dans les endroits des rues par où ces anciens murs pouvoient passer, il est certain que l'on en retrouveroit des vestiges qui seroient autant de témoins ou de repaires propres à constater ce que de simples conjectures ne nous ont fait qu'entrevoir.

Lorsque des occupations particulières me le permettront, je publierai des plans circonstanciés de ces différens accroissemens avec les noms des rues & des monumens contemporains. La satisfaction que m'a procuré l'étude des antiquités de notre Ville, me répond de celle que les amateurs pourront en retirer.

Mais pour revenir à notre *Plan*, il étoit naturel de joindre à l'exactitude que j'y ai apportée, la beauté de l'exécution, qui, quoique accessoire, flatte beaucoup par le coup d'œil qu'elle présente. L'original en a été dessiné par mon frere, qui m'avoit beaucoup aidé dans les recherches des antiquités, comme dans la levée de plusieurs endroits. Il me suffit aussi de dire que c'est M. Delahaye qui l'a exécuté, & il n'y a personne qui n'y reconnoisse l'élégance & la propreté de son burin.

Mon intention ayant été d'insérer ce *Plan* dans le grand Atlas, sans être obligé de le plier, je l'ai construit pour pouvoir être imprimé sur le même papier qui est le grand colombier. Il est accompagné de tables alphabétiques pour trouver facilement, à l'aide des quarreaux qui y sont tracés & désignés par lettres & chiffres, les *Rues*, *Culs-de-sac*, *Places publiques*, *Eglises*, *Collèges*, & autres lieux remarquables, de même qu'une table de la division de *Paris* en trois parties, *Cité*, *Ville* & *Université*, & de sa distribution en vingt quartiers, avec la demeure des commissaires ; ce qui ne m'a point paru devoir être indifférent pour l'utilité publique.

Après avoir rendu ce compte sommaire des soins que j'ai apportés pour la perfection de ce *Plan*, il est tems d'entrer en matière au sujet de l'*origine* & des *aggrandiffemens* fucceffifs que la ville de *Paris* a pris fous différens regnes, de parler des endroits où paffoient les anciennes enceintes & des veftiges dont nous jouiffons encore. Je confidère ces enceintes fous fix époques. La première du tems de Céfar, lorfqu'il fit la conquête des Gaules ; la feconde fous Charles le chauve ; la troifième fous Philippe Augufte ; la quatrième fous Charles V ; la cinquième fous Charles IX, enfin la fixième pour le tems actuel. Comme les noms des rues ont changé fous ces différentes époques, je termine cette differtation par une lifte qui en contient les noms avec les variantes & les dates, de même que des Eglifes ou autres monumens.

A la première infpection du *Plan*, l'on trouve dans le milieu une ifle, la plus grande de toutes, nommée l'*Ifle du palais* ; c'eft là qu'étoit l'ancienne *Lutèce* qui prit enfuite le nom de *Paris* des peuples *Parifii*, dont elle étoit la capitale ; mais elle n'étoit pas fi grande dans ces premiers tems, étant terminée par un bras de la Seine qui paffoit à-peu-près vers le milieu de la *Place Dauphine*, & qui laiffoit au-delà deux petites ifles, dont une fituée au midi de l'autre du côté des *grands Augustins*, fut fameufe dans la fuite des tems par l'exécution du chef des Templiers en 1314. La grande ifle étoit couverte de chaumières rondes fans cheminées, éparfes çà & là, comme étoient les habitations des anciens *Gaulois*.

Les peuples voifins qui vouloient envahir ce pays, obligèrent les *Parifiens* d'implorer le fecours des Romains. Ceux-ci fous prétexte de venir les protéger, les fubjuguent. Les vaincus ne font pas long-tems à s'appercevoir de leur faute, veulent la réparer, & prennent, mais inutilement, la résolution de fecouer le joug.

Céfar, alors gouverneur des Gaules, fent combien cette petite ville lui eft importante; & apprenant que pendant fon retour en *Italie* toutes les *Gaules* s'étoient révoltées, il revient & envoye Labienus, un de fes généraux, pour faire le fiége de *Lutèce*; mais ce général ne fe voyant pas affez fort, abandonne ce projet. Il revient cependant quelque tems après avec des forces plus confidérables. Les habitans apprennent fon retour, mettent le feu à leurs habitations, & vont avec un courage intrépide au-devant de ce général pour lui livrer bataille; mais le fuccès ne répond pas à leur valeur, & ils font défaits.

PREMIÈRE ENCEINTE.

Céfar, maître de cette ville, forme le deffein d'en élever une nouvelle fur les cendres de l'ancienne. Il la ferme de murailles, en défend l'entrée par deux forts qu'il fait bâtir à l'extrémité des deux ponts, aux endroits où font le *grand* & le *petit Châtelet*; & c'eft dans cet état que *Lutèce* reçoit le nom de *Cité* que cette ifle conferve encore aujourd'hui.

Lutèce s'accroît & s'embellit jufqu'au tems de Julien l'apoftat. * L'on y voit dans fa partie méridionale un palais d'une grande étendue, nommé les *Thermes*, que quelques auteurs difent avoir été bâti par cet empereur, & que d'autres prétendent avoir été l'ouvrage du grand Conftantin, ou de l'un de fes trois fils. Julien qui aimoit beaucoup cette ville, y paffoit fouvent l'hyver. Il ne nous refte de ce palais immenfe qui s'étendoit fur tout le terrein de la Sorbonne, qu'une partie

* Vers l'an 361.

que l'on voit encore en très-bon état derrière l'*hôtel de Clugny*, au fond d'une cour dans la rue de *la Harpe*, à la croix de fer. Qui croiroit qu'un monument respectable par son antiquité & par la demeure d'un empereur & de plusieurs rois de France, soit méprisé au point de servir actuellement d'écurie à un loueur de chevaux ? Ne pouvoit-on pas l'employer à quelqu'autre usage qui ne le deshonora point ? J'aurois cru manquer aux amateurs de l'antiquité, si je n'avois pas tracé sur mon plan l'emplacement qu'il occupe.

Je ne donnerai point d'autre détail sur cette première enceinte de *Lutèce*, qui étoit composée de tours bâties avec la solidité que l'on reconnoît dans la construction des édifices romains. L'on pourroit croire que les murs & les tours qui renferment présentement le *Palais*, ont été bâtis sur cette ancienne clôture. L'on voit encore près du *Pont saint Michel* dans la rue *S. Louis*, une grosse tour, & l'on sçait qu'en 1392 il en subsistoit une dans une maison de la rue de *la Pelleterie*, laquelle se nommoit *Roland*, & plus anciennement *Marquesas*.

L'Empire romain se demembre, & les *Francs* s'établissent dans les *Gaules*. Clovis leur roi choisit *Paris* pour capitale de ses états. Ce roi & Clotilde son épouse, occupent le *palais des Thermes*, dont nous venons de parler, & fondent sur le sommet d'une montagne voisine l'abbaye de *S. Pierre & S. Paul*, connue depuis sous le nom de *sainte Géneviève*, à cause de la sepulture de cette sainte qui devint depuis la patrone du royaume.

Pendant cette première race de nos rois, les fauxbourgs s'accroissent au point qu'ils deviennent plus considérables que la ville même ; mais elle demeura long-tems après dans ce dernier état, parce que les rois Pepin, Charlemagne & leurs successeurs n'y firent que peu & même plus leur sejour,

& parce qu'elle fut continuellement ravagée par les courſes des *Normans*. Ces incurſions déterminèrent les rois de la ſeconde race à fermer de murailles les fauxbourgs de la ville. L'on ne ſçait rien de poſitif ſur celui de nos rois qui fit conſtruire cette clôture. Quelques-uns l'attribuent à Philippe Auguſte qui régnoit dans le douzième ſiècle, mais on a des preuves qu'elle eſt bien antérieure à ce prince, & qu'elle exiſtoit même dès l'an 840, avant ou ſous le regne de Charles le chauve.

SECONDE ENCEINTE.

Cette clôture dans la partie du nord paroît avoir commencé au bord de la rivière, à-peu près où eſt la rue *des Plumets*, paſſoit près la *place Baudet*, où étoit une porte de même nom, alloit joindre dans le *cloître S. Jean* une tour quarrée qui exiſte encore ſous le nom de *Pet au Diable* (*a*), & qui l'a donné à la rue voiſine, continuoit par la *rue des deux Portes* juſqu'à une tour qui y exiſtoit encore il y a quelques années, ſelon Sauval & Delamare ; puis ſuivant le *cloître de S. Merry*, traverſoit la *rue S. Martin* dans un lieu appellé l'*Archet ſaint Merry*, qui étoit une porte près l'égliſe de même nom ; paſſant enſuite vers les *rues Trouſſevache* & *des Lombards*, traverſoit la *rue S. Denis*, où il y avoit une porte, renfermoit *ſainte Opportune*, & tournoit par les rues des *Deſchargeurs* & *Bertin Poirée*, pour aboutir ſur le quai *de la Megiſſerie*, proche le *Fort l'Evêque*.

Si mon opinion, dans la marche que je fais prendre à cette clôture dans ſa partie orientale, paroît différente de celle de pluſieurs auteurs qui la determinent à la *rue des Barres* derrière *S. Gervais*, pour

(*a*) L'on prétend que ce nom vient du mépris que la populace avoit pour les Juifs qui s'y aſſembloient ; ce qui fait que cette tour dans des anciens titres eſt nommée *Synagogue*.

la faire paſſer par la *place Baudet*, je m'y crois auto-
riſé plus par les tours qui doivent en être des reſtes,
que par l'identité de cette place, vers le côté de
laquelle il pouvoit y avoir une porte qui portât ſon
nom. Je ne ſuis pas auſſi plus conforme, touchant
la partie occidentale, à l'opinion commune, ſelon
laquelle cette clôture eſt terminée par la *rue ſaint
Denis* & le *grand Châtelet*. Le commiſſaire Delamare étaye ſon ſentiment ſur ce que trois des dix-
ſept quartiers de la ville, avant la diviſion de 1702,
étoient, ſelon lui, bornés par cette enceinte; ſçavoir, les quartiers de *S. Jacques de la boucherie*, de
la Grève & *de la Verrerie* ou *Ste Avoye*. Mais pour-
quoi, en ſe ſervant du même argument, ne pour-
roit-on pas y admettre la plus grande partie du
quartier de *ſainte Opportune* ?

Il eſt problable, & l'on pourroit dire inconteſta-
ble, que les habitans de *Paris,* ayant conçu le deſſein d'aggrandir leur ville du côté du nord, auront
étendu leurs habitations des deux côtés du grand
chemin qui aboutiſſoit au *grand Châtelet,* en formant une eſpèce de fauxbourg qui, devenu inſenſi-
blement auſſi conſidérable que la cité même, ſur-
tout le long de la rivière à cauſe de leur commerce,
aura obligé de l'enfermer de murailles.

M. Lebeuf borne auſſi cette enceinte à la *rue ſaint
Denis,* s'appuyant 1°. d'un paſſage de Grégoire de
Tours, par lequel on voit que le roi Chilperic fit
ſon entrée dans la ville, *in urbem,* le lendemain
qu'il l'eut faire dans la cité, *in civitatem;* mais cela
ne prouve point qu'il n'ait pas traverſé la ville, &
qu'elle fut bornée par le grand chemin qui condui-
ſoit au pont. Il eſt plus naturel de penſer que ce
prince traverſa la ville ſans cérémonie pour faire
en premier ſon entrée dans la cité, à cauſe de ſa
primauté, & qu'il ſortit de celle-ci le lendemain
pour ſe faire voir dans la ville. 2°. La preuve que

ce même auteur donne encore de son opinion est l'incendie que S. Lubin éteignit par ses prières; mais de ce qu'il est dit que la flamme venoit du côté de la basilique de *S. Laurent*, loin d'en devoir tirer la conséquence qu'entre cette basilique & le pont il n'y eut point de maisons ni de clôture, cela fait voir plutôt que cette basilique étoit un des lieux le plus remarquable du côté du nord.

Toutes ces autorités ne me paroissent pas suffisantes pour rejetter mon opinion, à l'appui de laquelle semble servir le contour naturellement ambiant des rues que je cite, & qui paroissent avoir été formées par les vuides que la destruction de cette enceinte aura occasionnés, comme on le verra pour les autres. De plus, s'il est vrai que les Normans en 887, n'ayant pu traverser la ville par eau, aient été obligés d'en faire le tour par terre en traînant leurs bateaux à force de bras, & qu'ils firent deux milles de chemin avant que de pouvoir les remettre à l'eau, l'on verra que l'étendue que je donne à cette enceinte est de beaucoup plus petite, puisqu'elle ne remplit point 800 pas. Enfin nous avons une dissertation de M. Bonamy, * qui nous confirme pour cette borne occidentale, par l'existence d'un *grand pont* de bois fait par Charles le chauve en 870, pour garantir la ville des incursions fréquentes des Normans. Il étoit fortifié aux deux extrémités, prenoit vis-à-vis le *Fort l'Evêque*, & aboutissoit sur le *quai des Augustins*, étant coupé par la tête de l'*Isle du Palais*, où il y avoit aussi une tour fortifiée. Ce qui autorise ce sçavant académicien, c'est qu'en 1731, lorsque M. Turgot fit récurer le grand bras de la Seine du côté du *quai de l'Horloge*, près le *Pont-neuf*, on y trouva des pilotis d'un ancien pont. Quelqu'un dira peut-être que ces pilotis étoient des restes d'un moulin qui

* Mem. Acad. B. Lettres, *T.* 17.

ſubſiſtoit encore en cet endroit du tems de François I. L'on répondra auſſi que ce moulin peut avoir
été conſtruit ſur les reſtes de ce pont.

Il ſeroit encore inutile pour prouver la popula-
tion dans cette partie ſeptentrionale, de parler de
l'exiſtence de *ſainte Opportune* ſous le nom de *N. D.
des Bois* en 255, & collégiale en 853 ; de *S. Germain l'Auxerrois*, & de ſon école voiſine en 640 ;
de *S. Gervais* en 578, & de *S. Merry* en 700. Je puis
dire, comme je l'ai déja fait voir, avoir plutôt épar-
gné que prodigué le terrein dans mon ſyſtême.

Quant à la partie ſituée au midi de la *cité*, preſque tous les auteurs s'accordent à ne reconnoître
aucune clôture avant celle de Philippe Auguſte.
Cependant Sauval en trace le plan d'une en cette
ſorte ; „ (*a*) elle renfermoit la *place Maubert* & ſon
„ voiſinage, commençant au *petit Pont*, & finiſ-
„ ſant à la rue des *Bernardins*. Que dans le douziè-
„ me ſiècle, (*b*) on commença à faire des maiſons &
„ des rues du côté du midi, & que ſous la deuxiè-
„ me & troiſième race de nos rois, on y bâtit une
„ clôture. „ Pour la prouver il s'exprime ainſi : „ Il
„ ſe voit (*c*) dans l'ancien rolle des carrefours, qu'au-
„ trefois les crieurs jurés, peu de jours après la
„ mort de nos rois, faiſant leurs proclamations, ne
„ paſſoient pas le bout des rues qui tenoient à cette
„ clôture ; que s'ils ne paſſoient pas outre, & ne ſor-
„ toient pas de la ville, c'eſt qu'alors il y avoit peu
„ de maiſons au-delà, & que de tels cris n'ont ja-
„ mais été faits dans les fauxbourgs. „ Il ajoute de
plus, que dans ces mêmes rolles „ il n'eſt parlé dans
„ pareilles occaſions que du *petit Pont* & de la *place
„ Maubert*, & que c'eſt pour cela que tous deux
„ ſont les limites de cette clôture. „

Elle eſt encore prouvée par M. l'abbé Lebeuf (*d*)

(*a*) *Liv.* 1. *p.* 29. (*b*) *Liv.* 8. *p.* 356. (*c*) *Liv.* 1. *p.* 30.
(*d*) Diſſert. hiſt. de Paris, *Tom.* 1.

d'après un manuscrit de la vie de sainte Génevieve, où il est dit que cette sainte fut inhumée *in basilicâ in monte sitâ juxta nova mœnia Parisii nomine Lucoticio*, d'où l'on peut conclure d'après lui & M. Leclerc du Brillet, que dès le onzième & peut-être le dixième siècle, cette partie du midi étoit renfermée dans des murs, au-delà desquels étoit l'église de *sainte Génevieve*. Ces murs ne s'étendoient pas vraisemblablement plus loin que les *Carmes*, *S. Yves* & la *rue du Foin*, retombant ensuite jusqu'aux environs du *Pont S. Michel* ou du *petit Pont* de Charles le chauve du côté de l'ouest, & jusqu'à la *rue des Bernardins* à l'est.

Ce fut en 1134 que Philippe Auguste fit paver les rues de *Paris*. Un riche financier de ce tems, nommé Guérard de Poissy, se signala par un don de onze mille marcs d'argent qu'il fit pour cette utile entreprise ; ce qui valoit plus d'un demi million de notre monnoie. La cession à cens & rentes que plusieurs communautés & abbayes avoient faite des biens qu'elles possédoient dans leur voisinage, sous condition d'élever des bâtimens, donna lieu à plusieurs fauxbourgs de se former ; c'est ce qui engagea Philippe Auguste à fermer la ville de Paris d'une nouvelle enceinte. Elle fut commencée en 1190, & entièrement achevée en 12 1, & rendoit la ville d'une forme ronde. Le plaisir que procurera la connoissance exacte de cette antiquité, dédommagera de la sécheresse inévitable qui en accompagne la description.

TROISIÈME ENCEINTE.

Cette enceinte commençoit, pour la partie du nord, à l'est de la ville sur le bord de la rivière, vis-à-vis *la Tournelle*, par une forte tour qui s'appelloit *Barbeau* *, d'un hôtel voisin joignant une

* C'est à tort que Delamare & Piganiol la nomment *Bily*, qui étoit

porte de même nom, ou *Barbelle vers yeaue* ; alloit à la rue des *Barrés*, où étoit la *Porte des Barrés* ou *des Beguines* ; traverſoit le couvent de l'*Ave Maria* (*a*), la rue *des Prêtres S. Paul*, où étoit une fauſſe porte de même nom, *les Jéſuites* & la *rue S. Antoine*, formant la *porte Baudet*. Paſſant enſuite par les premières maiſons de la *rue Culture ſainte Catherine*, elle traverſoit les hôtels *Poultier*, *de la Force* ou *S. Paul*, ſuivoit le mur du fond du jardin de l'hôtel d'*Albret*, où Sauval dit avoir vu une tour entre les filles *S. Anaſtaſe* & l'hôtel *Pelletier*, d'où traverſant la *vieille rue du Temple* à la porte *Barbelle*, elle longeoit le cloître des *Blancs Manteaux*, pour rejoindre la *porte du Chaume* ou *de Braque* dans la *rue du Chaume*, & continuoit entre *la Merci* & l'hôtel de *Montmorenci*, aujourd'hui hôtel de *Meſme* (*b*). Elle formoit dans la *rue Stᵉ Avoye* une porte de même nom. Continuant enſuite entre l'hôtel de *Bretonvilliers* & le *petit Hôtel*, elle ſe rendoit à la *rue Beaubourg*, où étoit une poterne, c'eſt-à-dire, une fauſſe porte proche le *cul-de-ſac des Anglois* (*c*), & de-là à la *rue S. Martin*, près celle du *Grenier S. Lazare*, formant la *porte S. Martin*. Cette clôture continuoit ſous le mur mitoyen de la ſixième & ſeptième maiſon au-deſſus de la *rue aux Ours* (*d*),

une tour d'une enceinte plus moderne, & que Sauval les confond. Ce ſont deux tours bien différentes.

(*a*) L'on y voit encore une tour avec une longue ſuite de murs, comme une ſeconde tour dans la rue *des Prêtres S. Paul*.

(*b*) En fondant le mur mitoyen des *PP. de la Merci*, on trouva des reſtes des anciens murs & de la *porte du Chaume*.

(*c*) A quelques pas de ce cul-de-ſac on remarque une porte cochère fermant une petite cour, qui ſemble occuper l'emplacement des anciens murs ; ce qui appuye cette opinion eſt la profondeur des maiſons de la rue *Grenier S. Lazare*, dont celles qui tiennent à cette rue vont juſqu'à cette petite cour, & les autres qui ſuivent diminuent de profondeur juſqu'à ſe réduire à très-peu de choſe vers la rue *S. Martin*, où il exiſte encore un reſte de mur qui joignoit la porte.

(*d*) L'on voit dans une maiſon neuve une ſuite de petits caveaux égaux très-bien bâtis, qui ſemblent avoir été pratiqués pour ſervir de cazernes.

d'où elle alloit joindre la *rue S. Denis*, un peu au-deſſous du *cul-de-ſac des Peintres* préſentant une porte de même nom ; ſuivoit les murs mitoyens des maiſons de la *rue Montorgueil* où ſe voit encore une tour; traverſoit de la *rue Montorgueil* un peu au-deſſous du *cul-de-ſac de la Bouteille*, où étoit une porte nommée *Comteſſe d'Artois* (*a*), juſqu'à la *rue Montmartre*, où il y avoit encore une porte de même nom; puis ſuivant la direction de la *rue Platrière*, elle paſſoit par la maiſon des *Filles ſainte Agnès*, ſous le mur de l'hôtel de *Laval* coupoit la *rue Coquillère*, formant une porte de même nom, & traverſoit le terrein de l'hôtel de *Soiſſons* où l'on en a trouvé des reſtes lors de ſa démolition; elle continuoit par la *rue de Grenelle* terminant le fond du jardin de l'hôtel de *Verthamont*, & arrivoit à la *rue S. Honoré*, vis-à-vis l'*Oratoire*, où étoit une porte S. Honoré (*b*). Pourſuivant par la maiſon de ces pères, elle gagnoit une tour, que l'on voit encore lorſque l'on eſt ſous la porte du pavillon du *Louvre*; delà enfin à travers le *Louvre* (*c*) elle alloit joindre une groſſe tour ſur le quai vis-à-vis celle de *Neſle*.

Cette même enceinte continuée dans la partie méridionale, nous eſt reſtée preſqu'entière. Elle commence à la *Tournelle*, dont on voit encore l'ancienne tour, continue à fleur de terre dans les chantiers du *Cardinal le Moine* juſque vis-à-vis l'égliſe du collège. On la voit enſuite élevée de plus de 6 à 7 pieds, juſqu'au ſéminaire des *Bons Enfans*. Elle traverſe la *rue S. Victor*, où étoit une porte de ce nom, reprend de-là dans les maiſons vis-à-vis ledit *ſéminaire*,

______

(*a*) Vers la fin de 1759, on a démoli ces murs pour bâtir une maiſon ſur leur emplacement.

(*b*) On en trouva des reſtes en fondant l'extrèmité occidentale du portail de l'égliſe.

(*c*) Il y a quelques années qu'en fouillant un aqueduc dans la cour, on trouva des reſtes de ces murs.

à 32 pieds à-peu-près de la rue, continue dans son entier jufqu'à la *rue Clopin*, atteint la *rue Bordet* où elle termine le jardin du collège de *Boncour*, traverfe cette rue à l'endroit où étoit la *porte Bordelle*, & depuis *S. Marcel*, elle reprend à l'autre côté, allant gagner les murs de la terraffe de M^{rs} de *fainte Géneviève*. On voit dans cet efpace qu'elle a plus de 18 à 20 pieds de haut, mais on n'y remarque plus aucunes tours, les propriétaires de ces terreins les ayant démolies felon leurs befoins. Cette clôture ne reparoît plus depuis cet endroit jufqu'au collège de *Lizieux*, où elle doit paffer fous les murs qui terminent le jardin. Elle continuoit depuis l'extrêmité de ce jardin jufqu'à la *rue S. Jâques* qu'elle traverfoit à l'endroit de la porte de même nom, dont on voit l'infcription. Reprenant enfuite dans les *Jacobins*, elle eft entière depuis la *rue S Jâques* jufqu'à la *rue de la Harpe*, où étoit la *porte S. Michel*. Dans cet efpace il exifte une tour que l'on trouve vis-à-vis le refectoire de ces religieux. Elle alloit joindre deux tours, dont une fubfifte dans le collège d'*Harcourt* & l'autre chez les *Cordeliers*, au bout de l'apoticairerie. Elle traverfoit la *rue des Cordeliers*, où l'on voit dans une allée proche la *rue de l'Obfervance* un refte à l'endroit où étoit la *porte S Germain*. De l'autre côté de la rue, ces murs reprennent dans leur entier à 20 ou 25 toifes de la rue dans une porte cochère où l'on apperçoit une groffe tour, & continuant par les *jeux de boule de Metz*, au milieu defquels fe trouve une pareille tour, traverfent la *rue S André*, où étoit la *porte de Buffi*, fuivoient la *rue Contrefcarpe*, rencontrant dans la *rue Dauphine* la porte de même nom, dont on voit encore un jambage. A quelques toifes de-là dans les maifons, ces murs reparoiffent, gagnant la *rue Guénégaud*, près l'égout où l'on en remarque la coupe, ayant confervé deux tours dans cet efpace.

Enfin ils continuent sous le mur de clôture du *collège Mazarin* dont ils servent de fondation, & vont aboutir au *pavillon de la Bibliothèque*, où étoit la fameuse *tour de Nesle*.

Philippe Auguste ne s'étoit pas contenté de fermer ainsi les deux parties de la ville, il en avoit encore défendu l'entrée par la rivière, en joignant les extrêmités de ces deux parties de l'enceinte par de fortes chaînes de fer, portées de distance en distance sur des bateaux, & attachées à de forts pieux battus à cet effet. Une de ces chaînes alloit de la *tour de Nesle* à une autre grosse tour placée contre le *vieux Louvre*, que quelques-uns ont eu tort de nommer *tour du Bois* (*a*).

A l'extrêmité orientale de la ville, la chaîne partoit de la *Tournelle* pour joindre une tour placée dans l'*isle Notre-Dame* ou *S. Louis*, & nommée *Lauriot* ou *Loriot*, de celui qui avoit soin de cette chaîne, & de-là à la *tour Barbeau* (*b*).

De cette manière *Paris* se trouvoit fermé, pour ainsi dire, d'une seule & même muraille sans interruption. Mais il n'en resta pas là ; car depuis Philippe Auguste jusqu'au roi Jean, il s'accrut considérablement du côté du nord, formant plusieurs fauxbourgs. Les guerres qu'on eut avec les Anglois firent naître l'idée de renfermer ces derniers fauxbourgs dans une nouvelle enceinte, que l'on se contenta de former en fossés & arriere-fossés. L'ouvrage fut commencé en 1358, & entièrement fini en 1360, & demeura ainsi jusqu'à ce que Charles V, après la paix avec l'Angleterre, y eut fait construire des murs & des remparts, dont Hugues Aubriot, prevôt de Paris, jetta les premiers fondemens en

(*a*) Ce nom ne convient qu'à la *Tour Neuve* ou du *Grand Prevôt*, à laquelle Delamare & Piganiol & D. Felibien font aller cette chaî ce que le local du Plan fait reconnoître impossible.

(*b*) Les mêmes auteurs confondent encore cette tour avec celle de *Bily*, qui par son éloignement ne peut avoir aucune liaison avec cette cloture.

1383, & qui ne furent achevés que du regne de Charles VI.

QUATRIÈME ENCEINTE.

Une grosse tour nommée *Bily*, située à l'endroit où est présentement le *bastion de l'Arsenal*, commençoit cette nouvelle enceinte. Cette tour qui fut renversée en 1538 par le feu qui prit à 200 bariques de poudre, servoit à contenir des munitions de guerre. De-là l'enceinte alloit joindre la *porte S. Antoine*, près de celle que nous voyons aujourd'hui, qui n'est qu'un arc de triomphe élevé, dit-on, au-devant de l'ancienne du côté du fauxbourg. Elle étoit placée vis-à-vis la *rue Jean Beausire* qui suit la direction de la clôture pour rejoindre le *Boulevard* vis-à-vis les *Hospitalieres*. De-là suivant l'alignement du *Boulevard* jusqu'à la *rue du pont aux Choux*, elle traversoit les *Filles du Calvaire* pour suivre la *rue de Vendôme* jusqu'à la *rue du Temple*, où elle formoit une porte de même nom. Elle se dirigeoit le long de la *rue du Rempart*, coupant la *rue S. Martin* par une porte de même nom, & continuant par la *rue neuve S. Denis* se rendoit dans la *rue S. Denis* qu'elle fermoit par une porte de même nom ; ce qui détruit l'opinion de Sauval & de Delamare qui placent les anciennes portes aux lieux où sont les nouvelles. Les *rues de Bourbon, neuve S. Eustache & des fossés Montmartre*, suivent la direction de cette enceinte qui passoit par la *place des Victoires*, l'hôtel de *Toulouse*, le *jardin du Palais royal*, la *rue des Boucheries*, & venoit le long de la *rue S. Nicaise* se terminer sur le quai par une grosse tour nommée *du Bois*, & depuis *Tour-neuve*, à cause d'une porte qui avoit été ouverte en cet endroit, & encore *Tour du grand Prevôt*, de l'hôtel qui en étoit voisin ; ce qui répond à-peu-près au nouveau passage qui communique du *Quai* au *Carroufel*.

C'eſt dans cet état que Paris fut diviſé en ſept quartiers, comme nous le rapportons à la fin de ce mémoire, pour ne point en interrompre la ſuite.

Les accroiſſemens furent ſi peu conſidérables au midi, qu'on ſe contenta de creuſer des foſſés auprès des murs de Philippe Auguſte, & de brûler ce qui étoit au-delà, de peur que les ennemis n'en euſſent profité pour s'y fortifier.

Depuis Charles V juſqu'à François I, *Paris* reſta preſque dans le même état, tant à cauſe des guerres des Anglois & des Bourguignons, que parce qu'il ne fut plus le ſéjour des princes qui regnèrent pendant ce tems ; mais François I qui aimoit les arts, forma le deſſein d'embellir cette capitale. Il fit démolir le *Louvre* pour le faire reconſtruire ſur un plan nouveau. Il commença par la face de la *rue Fromenteau.* Les rois, qui lui ſuccédèrent, travaillèrent à ſon achèvement. Plus de 60 rues furent ouvertes dans la ville & les fauxbourgs. Enfin le deſir de bâtir s'étoit ſi fort réveillé pendant le regne de ce prince, que Henri II fut obligé par un édit de 1549, d'en arrêter les progrès. Il fut le premier qui reprima cette envie de bâtir dans ſa capitale, de crainte que ſa trop grande étendue ne devint le ſujet de ſa deſtruction.

CINQUIÈME ENCEINTE.

Charles IX en 1565, conçut le deſſein de renfermer le *château & le jardin des Thuilleries* dans une nouvelle enceinte. Ce prince, accompagné de la reine ſa mere, & de ſes freres, en poſa la première pierre en 1566 au baſtion (*a*) qui terminoit

(*a*) Comme ce baſtion ne doit pas exiſter long-tems à cauſe du grand projet de la *place de Louis XV*, pour laquelle on doit équarrir cette partie du jardin, je crois devoir, en faveur des amateurs de l'antiquité, rapporter ici d'après Dubreuil & Sauval, qu'il fut mis ſous la première pierre des piéces d'argent dorées, dont une des faces avoit le portrait du roi avec l'inſcription : *Carolus IX. Gall. Rex chriſtianiſſi-*

le jardin, à l'endroit où étoit la porte de la *Confé-rence*, qui ne fut démolie, comme celle de *faint Honoré*, que l'an 1730, fous le regne de Louis XV.

L'exécution de cette enceinte qui devoit être une fortification régulière, bordée de foffés, ainfi que celle que l'on voit derrière la *Baftille*, & commencée en 1553 par Henri II, fut fufpendue pendant le regne de Henri III, à caufe des troubles de la ligue.

Henri IV ne fut pas plus tranquille pendant prefque tout fon regne; mais tant qu'il le fut, il augmenta & embellit confidérablement la ville par les grands édifices qu'il fit conftruire. Il en eut fait davantage par l'amour qu'il avoit pour fon peuple, fans le coup fatal qui couvrit le royaume d'un deuil univerfel; mais fes grands projets fe trouvèrent exécutés par Louis XIII fon fucceffeur. L'*ifle faint Louis*, partagée en deux par un bras de la Seine qui la traverfoit vers l'endroit où eft aujourd'hui l'églife, fe comble & fe couvre de maifons; fes quais font revêtus de murs, & des ponts la joignent à la ville & à l'univerfité. Le projet de la nouvelle enceinte de Charles IX eft repris en 1633. Elle devoit renfermer les *Thuilleries* & le *fauxbourg S. Honoré* jufqu'à la *rue S. Denis*, mais elle ne paffa point la *rue Poiffonière*. Elle prenoit *, comme il a été dit, à la *porte de la Conférence*, dont le pan coupé du jardin que nous voyons encore & qui doit être comblé, eft un refte, & formoit une des faces du premier baftion. L'autre face, qui faifoit celle du *pont tournant*, alloit joindre un orillon, à-peu-près où font les *glacières*; rejoignant enfuite la courtine dans la direction du *cul-de-fac de l'Orangerie*, fe préfentoit

mus, & fur le revers le portrait de la reine Catherine, avec ces mots : *Catharina regina Henrici II uxor, Francifci & Caroli regum mater.* Sur la pierre fe trouvent gravés les mots fuivans : *D. Catharina RR. mater anno Chrifti* 1566.

* Il eft bon d'avoir le Plan fous les yeux.

un autre baſtion , dont la *porte S. Honoré* coupoit la premiere face. L'angle du baſtion aboutiſſoit vers le milieu du *boulevard*, preſque vis-à-vis la *rue du Rempart*. L'autre face paſſoit derrière le jardin de *la Conception*, joignoit la ſeconde courtine qui traverſoit les *rues de Luxembourg* & *des Capucines* pour rejoindre un troiſième baſtion. Celui-ci s'étendoit à travers le jardin des *Capucines* juſqu'à la *rue de Louis le Grand*, où étoit la *porte Gaillon*, & où commençoit la troiſième courtine qui alloit joindre l'hôtel de *Grammont*. Le flanc & la première face du quatrième baſtion ſemblent former les murs du jardin de cet hôtel ; l'autre flanc ſe trouvoit dans la *rue de Richelieu* à la porte de même nom, & joignoit la quatrième courtine qui, s'étendant juſqu'à la *rue Montmartre*, à l'endroit où étoit la porte de même nom, forme encore une partie de la clôture des *Filles S. Thomas*. De-là le cinquième baſtion alloit obliquement à l'hôtel d'*Uzès*, dont le jardin ſemble être fermé par la ſeconde face qui va ſe rendre à la *rue Poiſſonière*, où elle paroît ſe terminer par une porte nommée de la *Poiſſonerie*. Les plans du tems, tels que celui de Combouſt, ſur lequel cette clôture eſt tracée, ne la conduiſent pas plus loin.

Il ſembloit que Paris ne devoit plus s'étendre davantage, mais le goût de bâtir ſe réveilla avec plus de force ; l'on porta plus loin de nouvelles habitations, dont Louis XIII jugea néceſſaire d'arrêter le progrès. Un arrêt du 15 Janvier 1638, ordonna qu'on poſeroit des bornes dans tout le circuit de la ville, au-delà deſquelles on ne pourroit bâtir ſans une permiſſion expreſſe & des lettres patentes du roi. Il fut déterminé dans un autre arrêt les endroits où l'on placeroit ces bornes. Mais ces arrêts n'eurent pas plus d'exécution que les précédens, & l'on continua toujours de bâtir.

En 1672, Louis XIV donna des lettres patentes en forme d'édit, pour faire planter des bornes nouvelles à l'extrêmité des fauxbourgs avec pareilles défenses.

Déja ce prince avoit donné des marques de sa grandeur par les embelliſſemens dont la ville fut décorée. Sous ſon regne on acheva les projets de Henri IV & de Louis XIII. On couvrit de bâtimens les places vagues qui reſtoient encore, on combla les foſſés de l'enceinte de Philippe Auguſte, & l'on en démolit les portes ; ce qui joignit les fauxbourgs à la ville.

Pendant ce regne, les ponts *au Change*, *de la Tournelle* & *Royal* qui étoient de bois, ſont bâtis en pierres ; on revêtit les quais, on en conſtruit de nouveaux ; on voit élever à grands frais des machines pour diſtribuer l'eau de la Seine dans les quartiers de la ville ; enfin l'on voit la plupart de ces portes remplacées par autant d'arcs de triomphe. De la *porte S. Bernard* on en fait cette belle & magnifique porte à deux portiques, telle que nous la voyons aujourd'hui, en réſervant cependant les logemens pratiqués dans l'ancienne qui ne fut point détruite, quoique Sauval le prétende.

On ajoute à l'arc de triomphe (*a*) élevé au-devant de l'ancienne *porte S. Antoine* deux portiques qui en dégage l'entrée, & l'on détruit celle qui en étoit proche. Les raccordemens de ces deux morceaux font voir l'habileté de François Blondel, ſur les deſſeins duquel ils furent exécutés. Enfin la *porte S. Denis*, modèle d'architecture, eſt du même artiſte, & celle de *S. Martin* de Bullet ſon élève. Ces deux monumens qui ſont placés à l'entrée des faux-

(*a*) Sauval & Delamare qui le copie, diſent que cette porte fut conſtruite ſur l'emplacement de l'ancienne qui avoit conſervé la forme d'une fortereſſe, mais il vaut mieux en croire Blondel lui-même dans ſon cours d'architecture.

bourgs au-delà du *boulevard*, ne se trouvent pas aux mêmes places que les anciennes qui étoient situées aux extrêmités de la *rue Neuve S. Denis*. Quoi qu'en disent Sauval & Delamare qui ne connoissoient pas sans doute les plans du tems; il suffit pour en être convaincu, de jetter les yeux sur ceux de Comboust & autres.

Paris se voit tout-à-coup rempli d'une quantité d'édifices somptueux, un *hôtel des Invalides*, un *peristile* au Louvre, des places publiques & des fontaines bâties dans tous les quartiers, annoncent la grandeur du souverain.

SIXIÈME ENCEINTE,
OU ÉTAT ACTUEL.

A peine ce grand roi a-t-il assuré par ses conquêtes la tranquillité de sa capitale, que les fortifications devenues inutiles, sont renversées. Sur les ruines d'une enceinte dont l'aspect ne répondoit point à la magnificence de la ville, l'on voit élever une promenade plantée de quatre rangs d'arbres qui devoit être revêtie de murs, tel que celui de la *porte S. Martin* à la *porte S. Denis*, & que l'on devoit continuer de même dans la partie méridionale.

Tant de magnificence n'étoit pas le terme où devoient se borner les vues d'un si grand prince. Sans parler des *places des Victoires & de Vendôme*, l'on devoit voir à l'extrêmité la plus orientale de la ville & du plus beau fauxbourg, s'élever dans une vaste place un arc de triomphe percé de trois portiques, décoré d'un ordre corinthien, & couronné d'une statue équestre de bronze; le tout d'après les desseins du célèbre Perrault. Déja les fondemens en sont jettés, l'édifice commence à paroître, tout annonce une prompte exécution; mais la mort enlève le monarque, & ce superbe édifice ne survit point au maître dont il annonçoit la grandeur. Il eſt arraché juſque dans ſes fondemens ; & ſi l'on ſe reſſouvient encore du *Trône*, c'eſt à cauſe du prince à la gloire duquel il étoit érigé.

Pendant la minorité de Louis XV, les habitans continuent de bâtir bien au-delà des bornes éta-blies par ſon auguſte prédéceſſeur. Le roi devenu majeur, veut en arrêter les progrès. Il donne une déclaration dans laquelle, pour diſtinguer la ville des fauxbourgs, il borne la hauteur des maiſons de ceux-ci, excepté de celles qui étoient déja bâties Son regne ne ſera pas moins mémorable que celui de Louis XIV. En effet nous voyons bâtir un ſuper-be hôtel en faveur de jeunes gentilshommes dans le voiſinage de ce monument célèbre, où de bra-ves militaires jouiſſent d'un repos que leur ont mé-rité les pénibles travaux de la guerre. Nous tou-chons au tems heureux qui doit achever l'édifice du vieux Louvre. La ſuperbe colonade eſt dégagée de ces bâtimens antiques qui nous en cachoient les beautés. Une place immenſe entre le jardin des Thuilleries & les champs éliſées, eſt conſacrée par la ville pour ériger à ſon prince un monument di-gne de ſa reconnoiſſance & de ſa fidélité. Enfin l'amour du prince pour la religion l'engage à élever un temple à la patrone de la capitale & du royau-me ſur les deſſeins de M. Soufflot, célèbre archi tecte qui, par ſes grandes & ſublimes idées, nous rapproche tout ce que l'antiquité a de plus beau & de plus reſpectable.

Il ſeroit inutile de décrire les limites qui bornent aujourd'hui la ville de Paris & les fauxbourgs ; il ſuffit de jetter les yeux ſur le Plan que je publie. Je me contenterai ſeulement de faire connoître ici l'é-tendue ſuperficielle qu'elle peut avoir en arpens & en perches. Je conſidérerai en premier lieu ſes deux plus grandes traverſées ; ſçavoir, celle du nord-oueſt au sud-est qui, par rapport à sa longueur, ne s'écarte pas beaucoup de la ligne droite, & celle du nord-est au sud-ouest qui se trouve aussi assez directe. Portant donc sur la première depuis la *barrière du Roule* près l'église de *S. Jâques S. Philippe*, jusqu'à la *barrière du Trône*, une ouverture de compas de 20 secondes d'un grand cercle de la terre, j'en trouve 200 qui, à raison de 15 toises 5 pieds 1 pouce, m'ont donné trois mille cent soixante & neuf toises 2 pieds & une fraction. La seconde traversée depuis la *barrière S. Laurent* jusqu'à celle de l'*Observatoire*, m'a produit 220 secondes, dont le résultat est trois mille quatre cens quatre-vingt-six toises & une fraction ; le tout évalué en lieues parisiennes, à raison de 2000 toises, donne une lieue presque $\frac{3}{5}$ pour la première traversée, & une lieue près de $\frac{3}{4}$ pour la seconde. Le circuit de la partie septentrionale par les *boulevards* est de trois mille cent soixante-dix toises, & celui dans sa partie méridionale en y comprenant les *Invalides*, par le *cours du Parnasse*, l'*Observatoire*, les *Gobelins* & la *route de Fontainebleau*, est de trois mille quatre cens quatre-vingt-six, d'où il résulte en totalité 3 lieues & plus du tiers. L'on doit conclure par ce calcul que la plûpart des auteurs ont tort d'avancer que la ville de Paris a deux lieues de traverse, & plus de six lieues de circonférence.

Pour déterminer la superficie que la ville occupe, j'ai pris pour centre l'*ancienne porte de Buſi* qui subsistoit dans la *rue S. André*, & ouvrant le compas d'une minute 10 secondes sur la graduation orientale ou occidentale du Plan, j'ai remarqué 1°. que la circonférence suivoit assez exactement le contour du *boulevard* septentrional, & que ce qui pouvoit en sortir du côté *du Temple* récompensoit ce qui en rentroit de trop du côté des *Porcherons* & de la *Ville-l'Evêque*. 2°. Que dans la partie méridionale, elle enveloppoit *l'hôtel des Invalides*, *l'Obfervatoire*, *S. Hippolyte*, & venoit fe rendre vis-à-vis *l'Arfenal*. J'ai trouvé par le calcul que ce rayon de 70 fecondes, ou plutôt le diamêtre de 140, en donnoit 440 pour la circonférence, fuivant le rapport de 7 à 22, & que ces nombres multipliés par 15 toifes, 5 pieds 1 pouce, valeur d'une feconde d'un grand cercle de la terre, produifoient deux mille deux cens vingt toifes, trois pieds quatre pouces pour le premier, & fix mille neuf cens foixante-dix-huit toifes, cinq pieds, quatre pouces pour le fecond. Or comme la furface d'un cercle eft égale au produit de fa circonférence par le quart du diamêtre, j'ai trouvé trois millions huit cens foixante & treize mille deux cens quatre-vingt toifes quarrées, qui, réduites en arpens de 18 pieds à la perche, m'ont donné quatre mille trois cens trois arpens foixante-cinq perches deux toifes. Si dans mon calcul je parois excéder la quantité de toifes que Guillaume Delifle avoit trouvé par une méthode toute différente, mais auffi fûre, il faut confidérer que je n'ai point défalqué, comme ce géographe, les terreins employés par les *jardins des Thuilleries*, du *Luxembourg*, du *Palais royal*, &c. Au refte je compte bien encore ne pas pêcher en excès, puifque c'eft fans y comprendre les fauxbourgs *S. Antoine*, *faint Martin*, *Montmartre*, *S. Honoré* & *les Porcherons*, qui peuvent bien contrebalancer ce qui fe trouve de trop dans mon calcul, par les jardins dont j'ai parlé, & par le fauxbourg *S. Michel*. Je ne ferai point ici le parallele de cette ville avec les plus grandes du monde, le peu d'utilité qu'on retireroit de cette comparaifon m'en difpenfe. Il fuffit de remarquer que c'eft ainfi qu'une ville qui étoit une des plus petites du tems de Céfar, eft devenue par fa fituation avantageufe, par l'induftrie & le commerce de fes habitans, par leur amour pour les belles connoissances, & enfin par le séjour de ses rois, une des plus belles, des plus grandes & des plus peuplées de l'Europe ; de sorte qu'on pourroit lui appliquer ce que l'on disoit de la capitale de l'empire Romain : *Orbis in urbe.*

TABLE ALPHABETIQUE

Des Rues, Carrefours, Culs-de-Sacs, Places, Marchés, Quais, Ports, Portes, Lieux privilégiés & remarquables, Abbayes & Communautés d'hommes & de filles, Séminaires, Hôpitaux, Paroisses, Chapitres, Collégiales, & Chapelles, de la ville & des fauxbourgs de Paris;

AVEC

La diftribution des Quartiers & la demeure des Commiffaires.

LES RUES.	NOMS ANCIENS.

A.

Abbatiale.	*e*5	
de l'Abbrevoir.	*h*6	
Abbrevoir Macon.	*g*5	
Abbrevoir Pepin.	*g*4	Abrevoir Jean Pepin 1300. Abrevoir Poupain 1421. Rue Popin 1450.
de l'Aiguillerie.	*gh*4	Rue à petit Soulers de Bazenne 1300. Cloître S. Opportune, Efcuillerie 1449.
des Amandiers.	*gh*7	Des Allemandiers 1392.
des Amandiers.	*n*4	
S. Anaftafe.	*k*4, *k*5	
S. André des Arts.	*f*5	S. André de Laas *avant* 1100, *jufqu'au P. Pont.* S. Germain-des-Prez en 1332 & 1401. R. Grant S. André. S. Andrieu des Arts 1450. de la clef *depuis la rue S. André, jufqu'à la rue de la vieille Bouclerie.*
S. André.	*p*4	Neuve S. Antoine.
de l'Anglade.	*e*3	As Englais 1300.
des Anglois.	*g*6	
d'Anjou.	*f*5, *e*2, *k*4	
Ste. Anne.	*h*1, *e*3, *g*5	
d'Antin.	*e*2	
S. Antoine.	*ikl*5	Grant rue de la porte Baudeer 1300, de Porte Baudet 1450.
Sainte Apolline ou Neuve S. Denis.	*h*12	
de l'Arbalêtre.	*gh*8	
de l'Arbrefec.	*g*4	De l'Abre fel, *ou* l'Arbriffel 1300. De l'Arbrefec 1450.
de l'Arcade.	*e*12	

de l'Arche Beaufils. .. *i*5
de l'Arche-Marion. .. *g*4 De l'Abbev. Thibaut-au-dez 1300 Des Jardins 1422.
des Arcis ou Affis. . . *h*4 Des Arfis 1300.
d'Argenteuil. *e*3
d'Arras. . . . . . . *h*7 Des Murs 1300, du Puits d'Arras 1515 & 1576.
Aubry-le-Boucher . . *h*4 Auberi-le-Boucher 1300.
des Audriettes. . . . *h*5
des Aveugles. *e*6
des Auguftins. . . . . *f*5 Villequeux, *ou* Billequeux 1421. de l'Abbé S. Denis 1450 & 1560. Des charités S. Denis. Petite rue de Seine en 1613 & 1614.
d'Avignon. . . . . . *h*4 Jehan-le-Comte 1386 & 1552.
Aumaire. . . . . . . *i*3 Au Maire 1450. Au Mire 1560.
Ste. Avoye. , ... *i*4

B.

Babilone. *e*6
du Bac. . . . *e*56 , *d*45 Du Baril neuf.
de Bagneux. *c*7
Baillet. . . . . *g*4 Dame Gloriette , 1207. *depuis* Gloriette.
Baillif. *f*3
Bailleul. . , ... *f*4 Averon , Avron.
des Ballets. *k*5
du Banquier. *i*9
Ste. Barbe. *h*2
Barbette. *k*4
Bar-du-bec. . . . . . *i*4 De la Maifon de la Barre 1273 , de l'Abb. du Bec-Hellouin 1300, Baërie du Bec 1450.
de la Barillerie. . . . *g*5 De la grant Barifzerie 1300, Babillerie 1560.
De la Barouillere. . . *c*7
de la Barre. . . . . *i*9 Scipion.
des Barres. . . . . . *i*5 Du chevet S. Gervais 1386 , *depuis la rue de la Mortellerie jufqu'à la rivière* 1293. Ruelle des Moulins des Barres , ou du Temple.
des Barrez. . . . . . *k*6 Des Beguines 1386 , des Barrières 1560.
S. Barthélemy. . . . *g*5 Des Cordouagners 1220.
Basfroi. *n*5
du bas Pincour. . . *n*34
du bas Reuilli. . . . *o*7
Baffe des Urfins . , . *h*5
Baffe Villeneuve. . . *h*2
Baville. *g*5
du Batoir. . . . . . *i*8 Vieille N. D. *depuis la rue d'Orleans jufqu'à la rue Cenfier.*
du Batoir (S. André). . *f*6 Des petits Champs 1432 , *depuis la rue de l'Epéron jufqu'à la rue Hautefeuille,* de la Platrière, 1300. Battouer 1560.
Beaubourg. . . . . . *i*4 Rue Cul-de-fac le Grand, *à caufe des murs qui la traverfoient en* 1300, rue fauffe poterne Nicolas Hidron, *jufqu'à la rue Tranfnonain.* Biaubourc 1300.
de Beauce. *k*4
Beaujolois. *k*3
de Beaune. . . . . . *d*45 Du Pont.
Beauregard. *n*2

Beaurepaire *gh3*

Beautreillis. . . . . . *kl5* Gerard Bocquet.

Beauvais. . . . . . . *f4* De Beauves.

de Bellechasse. . . . *c4*

S. Benoît. . . . . . . *e5* Des Egouts.

de Berci. . . . *i5 , n8*

Bergère. *g2*

S. Bernard. *o6*

des Bernardins. . . . *h6*

de Berry *k4*

Bertin - poirée. . . . *g4* Bertin - porée 1300.

Betizi. . . . . *g4* Bethisi 1300 , 1450 , *dont la partie occidentale se nommoit* au Quains de Pontis en 1300 , Comte-Ponti, Comte-Pontieu, de la Charpenterie en 1450.

Beurière. . . . . *e6* De la petite Corne.

de Bièvre. *h6*

des Billettes. . . . . *i5* Des Jardins 1319 & 1330, du Dieu-bouilli 1345

de Bissy. *e6*

des Blancs-manteaux. . *i4* De la petite, de la vieille Parcheminerie, & de la Parch. 1268. Des Blans mantiaux 1300.

Blomet. *b6*

S. Bon. . . . . *h4* 1300.

de la bonne morue. . *cz3*

Bonne nouvelle. . . . *h2*

du Bon puit. . . . . *h7* 1300.

des Bons enfans. . . *f8* Aux écoliers S. Honoré 1300 , ruelle par où l'on va au collége des Bons enfans 1552.

Bordet. . . . . *h7* Bordelle , de Pierre Bordelle , *qui y demeuroit ,* de la Bordelle 1560.

de Boucherat. *l3*

de la Boucherie. . . *a4*

des Boucheries. . . . *e3* Des Fontaines 1692.

des Boucheries. . . . *f6* Grande rue près les Boucheries en 1550. Grande rue S. Germain , *jusqu'à la rue des M. Garçons* & de la blanche Oye , *jusqu'à la rue de Bussy* 1552 , 1583.

des Boulangers. . . . *hi7*

des Boulets. *ps6*

du Bouloir. . . . . . *f3* Aux bouliers , ditte la cour Bazile 1359 , 1429, des Buliers 1552 , des Francs-Bourgeois 1560.

de la Bourbe. *f8*

de Bourbon. . *cd4 , h2*

de Bourbon-le-Château. *e5*

des Bourdonois. . . . *g4* Adam Bourbon , Sire Guillaume Bourbon 1297 jusqu'en 1300. A Bourdonas 1300 , des Bourdonnois 1450.

de Bourgogne . . *b4 , k3*

Bourg-l'abbé. *h3*

des Bourguignons. . . *g9* De Bourgogne 1560.

Bourtibourg. . . . . . *i5* Bautibourg 1247 , Boure-Tibout 1300 , Bourg Tibout 1422 , Bourg Thiebaut 1450.

du Bout du monde. . *g3*

Boutebrie. . . . . . . *g6* Bourg de brie , des Enlumineurs, Erembourg de Brie 1300

de Braque. . . . . . . *i4* Des Bouchers, aux Bouchers du Temple , des Boucheries 1560.

du Brave. *f6*

de Bretagne.	k4	
de la Bretonnerie.	g7	*Comprise dans le projet de sainte Géneviève.*
Bretonvilliers	k6	
Brisemiche.	h4	Baillorhe 1273, Baillehoe 1300, Baille-bout 1560, Boullehoue 1399, 1427, Barllehoue.
des Brodeurs.	bc6	Du Lude en 1692.
de la Bucherie.	gh6	1300, de la Boucherie 1560.
de Buffi.	ef5	De devant le Pilori 1560. *
des Buttes.	P7	

C.

Cadet.	g1	
Calande *ou* Galande.	gh6	
de la Calendre.	g5	La Grant Otberie, *depuis la rue aux Fèves, jusqu'à la rue de la Juiverie* en 1410 ; de l'Erberie ou du Marché pavé 1504, des Herbiers, la Kalendre *jusqu'au Palais* 1300.
des Canettes.	e6	
des 3 Canettes.	h5	De la Pomme 1300, La cour Ferrou.
Canivet.	e6	
des Capucins.	f9	Petite rue des Thuilleries.
des Capucines.	d2	
des Carcuiffons.	g5	Ou Carcaiffons.
Cardinale.	e5	
de Carême prenant.	l2	
des Carmes	gh6	
du Carouffel.	c4	
Carpentier	e6	
Caffette.	de6	*D'un lieu nommé* Cafcheu 1543.
Ste. Catherine.	f7, k5	
Cenfier.	h8	Des Treilles, fans clefs, *parce qu'elle étoit Cul-de-fac.* Neuve N. D. en 1692. *depuis la rue du Pont aux Biches jufqu'au Jardin du Roi.*
Centier, ou Sentier.	g2	
de la Cerifaye.	l6	De la Baftille.
de la Chaife.	d56	
du Champ d'Albiac.	h8	
du champ de l'Allouette.	h9	*Hors du Plan.*
du champ-fleuri.	f4	
Chanoineffe.	h5	
du Chantier.	g2	Du Chantier du Temple, *comprenant les rues* du Chantier, du Chaume & des Enfans rouges.
des Chantiers.	m7	
du Chantre.	f4	Au Chantre.
des Chantres.	h5	
de la Chanverrerie.	h4	Templorie 1450, de la Champ-voirie, de la Champvererie, de la Chanverie 1400.
Chapon.	i3	
des Charbonniers	g89, mn7	
de Charenton.	m6, n7	
Charlot.	k3	
de Charonne.	m6, p5	
Chartiere.	g67	De la Charretiere, de la Chareterie 1300, des Charettes 1560.
du Chat qui pêche.	g6	De la Triperie 1411.

* Il y avoit un pilori vis-à-vis la porte du marché.

LES RUES.		NOMS ANCIENS.
du Chaume.	*i*4	Neuve Poterne , de la Porte du Chaume , viel Braque 1545.
* de la Chauffeterie.	g4	Aux Chats, de la place aux Chats, Châtiau Feftu 1300 , *préfentement partie de la rue S. Honoré.*
du Chef S. Landri.	h5	Du Chevés S. Landry 1300 , du port l'Evêque 1388 , de la Poule , des Poulies.
du Chemin de la Contref-carpe.	*l*4	
du Chem. S. Denis.	m2	
du Chem. verd.	b2 , m4	
du Cherchemidi.	d6	Des vieilles Thuilleries.
du Chev. du guet.	g4	Perrin Gaffelin 1300 , Perrin Goffelin , Joffelin, Grafcelin 1423.
du Cheval verd.	g7	Du Chevalier *avant* 1708.
de Chevilly.	c2	
des Chiens.	g7	Du Moine , des Chieux , Maître Jeharre 1416.
Childebert.	e5	
des Cholets.	g7	S. Syphorien 1300. Jean le Maître.
Chriftine.	f5	
S Chriftofle.	h5	Regratiere 1214. Grant rue S. Chriftophe.
du Cigne.	h3	De Jehan Vigne 1445 , au Signe 1450.
des Cignes.	c4	
du Cimetiere { S. André.	f6	
S. Benoît.	g6	Breneufe , des Poirées , de l'Oferoie 1300.
S. Jâques du Haut-Pas.	f7	
S. Nicol. des champs.	i3	
des cinq Diamans.	h4	De la Couroirie 1273 , 1300 , 1422 , 1431 , de la vieille Couroirie 1552 , du Haumar 1560.
des Cifeaux.	e6	
S. Claude.	h2 , l4	
de la Clef.	h8	
de Cleri.	g3 , h2	
Cloche-perche.	i5	Pute-y-muce 1300, 1560, de la groffe Margot 1620.
Clopin.	h7	1300, du Champ gaillart 1560.
Clos-Georgeau.	e3	
Clugni.	g7	à l'Abbé de Cligny 1300.
Cocatrix.	h5	Fery de Paris, des Hermites, des 2 Hermites.
du Cœur-volant.	f6	des Marguelliers, de la Blanche Oye 1476.
Colbert.	f2	
de la Colombe.	h5	De la Couronne 1408, de la Coulombe 1300 & 1506.
du Colombier	c5	Du Pré aux Clercs 1585.
Comteffe d'Artois.	g3	De la Savaterie 1253 . au Comte d'Artois, de Bourgogne , Nicolas Arode 1300, de la Porte à la Comteffe 14**.
de Condé.	f6	Neuve S. Lambert, ou Neuve 1560.
Contrefcarpe	f5 , h7	
de la Contrefcarpe.	*l*4	
du Coq (l'Oratoire).	f4	De Richebourg, ou Bourg 1300, 1399.
du Coq (à la Gréve).	i5	
du Coq (aux Porcherons).	d1	

* Cette rue n'exifte que fous le nom de S. Honoré.

Rue		Noms anciens
Coqueron.	*g*3	Des Macqueron, de la Juſſienne, ou de l'Egyptienne, du Coq-Heron.
Coquillere.	*fg*3	Cocquillart, Coquetiere.
des Coquilles.	*h*5	Jâques Gencien 1300.
des Cordeliers.	*f*6	S. Germain, aux Etuves 1255, Cordeliers 1300, des Cordeles.
de la Corderie.	*k*3	Boyer, Cordiere, des Corderies.
des Cordiers.	*g*7	1300.
de la Cordonnerie.	*g*4	
de la Coſſonnerie.	*h*4	De la Coçonnerie 1330, de la Cochonnerie 1425, 1552.
de la Couroirie.	*h*4	De la Beaudracrie 1300, de la Platriere 1373, 1432, *depuis* Beaudroirie.
Coupeaux.	*hi*3	La Chauciée, la Chauſſée, Champeaux, de Meſme, de Copeaux 1560.
Court du More.	*hi*4	Palée 1330, Court au vilain, au Vilain, Fauſſe-Poterne, ou Poterne 1450.
Courtalon.	*gh*4	S. Opportune 1300, 1450.
Courteau-vilain.	*i*4	
de la Coutellerie.	*h*5	Des Commendereſſes 1300, aux Couteliers 1386.
Creuſe.	*i*9	
du Croiſſant.	*g*2	
de la Croix.	*i*3	De la Creux 1450.
de la Croix blanche.	*i*5	Anquetil le Faucheur 1300, Otin le Fauche 14**.
de la Croix blanche.	*e*1	
Ste. Croix de la Bret.	*i*4	R. de la Bretonnerie. 1300.
Ste. Croix de la Cité.	*gh*5	1300.
de la Croix des Petits. champs.	*f*3	
Croulebarbe.	*h*9	
du Crucifix S. Jâques.	*h*5	De la Vannerie, de l'Avoinerie 1508, du Porche S. Jâques.
Culture Ste. Cather.	*k*5	
Culture S. Gervais.	*k*4	

D.

Rue		Noms anciens
Dagueſſeau.	*b*2	
Dauphine.	*f*5	
du Dauphin.	*e*3	Cul de ſac S. Vincent en 1740.
des Déchargeurs.	*g*4	Du ſiége aux Déchargeurs 1450.
du Demi-Saint.	*f*4	Du Trou Bernard 1300.
de la Dentelle.	*h*4	Ruelle S. Bon 1273, 1300, 1400, de la Lanterne 1600.
S. Denis.	*h*234	Grant rue 1300, Chauſſée S. Denis.

des Deux
Anges.	*e*5	
Boules.	*g*4	Guillaume Boré ou Doré, Guill. Porée 1300, 1450.
Ecus.	*fg*4	Des Eſcus 1300, Traverſine, de la Hache 1421, *Depuis la rue Dufour juſqu'à celle des Prouvaires.*
Hermites.	*h*5	*La même avec la rue Coquatrix*, de la Confrairie de N. D. 1300.
Ponts.	*i*6	
Portes.	*i*5	Entre deux portes 1281, Galiace 1399, Galiache 1487.
Portes.	*g*6	Aux deux Portes 1450, Percée 1560.
Portes.	*h*3	Gratte-C.... 1413.
Portes.	*i*2	

LES RUES.		NOMS ANCIENS.
S. Dominique.	$bc4$, $cd5$	Des Vaches, aux Vaches, chemin aux Vaches.
S. Dominique.	$f7$	
des Douze Portes.	$l4$	S. Nicolas.
Doyenné S. Thomas.	$c4$	
de la Draperie.	$g5$	De la Verrerie 1300.
de Duras.	$b2$	

E

de l'Echarpe.	$l5$	
de l'Echaudé.	$e5, f5, g4, k4$	
de l'Echelle.	$e3$	
d'Ecoffe.	$g7$	Des trois Cremailleres.
des Ecouffes.	$ik5$	De l'Eclofe 1254, de l'Efcoufle 1300.
des Ecrivains.	$k4$	De la Parcheminerie, de la Lormerie 1300, des Ecripvains 1450.
des Ecuries.	$de3$	
de l'Egout.	$e56$	
de l'Egout Ste. Cath.	$k5$	
des Eg. du Ponceau.	$hi3$	
S. Eloi.	$g5$	La Chaveterie 1300, la Savatterie 1650.
des Enfans rouges.	$k34$	
d'Enfer.	$f78$	Chemin d'Iffy, de Vauvert, de la Porte Gibart 1210, de la porte d'Enfer 1258.
d'Enfer.	ghi	
d'Enfer.	$h5$	Grant rue S. Landry 1300, S. Landry fur l'yaue, du Port S. Landry.
de l'Epée de bois.	$h8$	
de l'Eperon	$f6$	Cauvain 1300, Chaperon, du Chaperon 1484.
S. Etienne.	$h2$	
S. Etienne des Grès.	$g7$	Rue des Grès 1219, S. Etienne 1300.
de l'Eftrapade.	$g7$	
de l'Etoile.	$k6$	
des Etuves. (vieilles).	$h4$	Des Eftuves aux femmes 1300, 1443.
de l'Evêché.	$h6$	
l'Evêque.	$e3$	

F.

du Faubourg	S. Antoine.	$mnop6$	
	S. Denis.	$ii2$	
	S. Honoré.	$a1, bc2$	
	S. Jâques.	$f89$	
	S. Laurent.	$ik1$	
	S. Lazare.	ii	
	S. Martin.	$i2$	
	Montmartre.	$f1, g2$	
	du Temple	$lmn2$	

Fauconniere.	$k5$	à Fauconniers 1300.
aux Febvres.	$g5$	Aufevre, des Feves, à Feves 1352, aux Feuvres, 1495.
de la Femme fans tête.	$i6$	
de Fer.	$i8$	
de Fer à moulin.	$h8$	Du Comte Boulogne, Richebourg.

de la Ferronnerie. . . *gh* Charonnerie 1300 & 1450.
Ferou. *e6*
aux Fers. . . . . . . *h4* O Fevres 1300, au Fevre 1692.
de la Feuillade. . . . *f3*
Feydeau. . . . . *f2* Neuve des Fossés Montmartre 1450.
S. Fiacre. *g2*
du Figuier. . . . . . *k5* S. Fiacre.

des Filles Angloises. . *g9*, *m6*
des Filles du Calvaire. . . *l4*
des Filles Dieu. . . . . . *h23* Ruelle neuve ditte l'Ursine.
des Filles S. Thomas. . . . *f2*

Sainte Foy. *h2*
du Foin. . . . . *g6* De la Fennerie 1332, au Foing 1382 & 86, aux
         Moines de Cernay 1388, 91, & 1407.
du Foin. *l5*
de la Foire. *e6*
Folie Moricourt. . . . *l3*
Folie Regnault. . . . *p4*
de la Fontaine. . . . *i8* Jean Mole 1692.
des Fontaines. *ik3*
des Font. du Roi. . . *lm2*
Forez. *k3*

des Fossés S. Antoine. . . . *l6*
des Fossés S. Bernard. . . . *i6*
des Fossés S. Denis. *h2*
des Fossés S. Germ. l'Aux. . *fg4* Le Fossé S. Germain 1300, du Borel, *la partie*
        au-delà de la rue de l'Arbresec 1550. Glo-
        riette 1560.
des Fossés S. Marcel. . . *gh7*
des Fossés S. Martin. . . . *i2*
des Fossés S. Michel ou S. Hia-
    cinte. *fg7*
des Fossés Montmartre. . . *g3*
des Fossés de M. le Prince. *f6*
des Fossés du Temple. . . *l3*
des Fossés S. Victor. . . . *h7*

des Fossoyeurs. *e6*
du Fouare. . . . . . *gh6* Des Ecoliers 1260, des Ecoles 1264, au Fevre 1300,
        du Feurre 1450.
du Four. *g4*
du Four. *e6*
du Four. *g7*
du Four basset. . . . *g5*
de Fourci. . . . . . *k5* Cul-de-sac en 1650 *du côté de la R. S. Antoine,*
        & nommé rue censée.
des Foureurs. . . . . *g4* De la Cordouannerie 1300, 1432, de la vieille
        Cordonnerie 1600.
S. François. *h4*
Françoise. . . . . . . *h3* Bourgogne, Percée.
Françoise. (faub S. Victor)
. . . . *hi8*
des Francs Bourgeois. . *k4* Vieille Barbette, les Poulies, Richard des Poulies.
        Des Poules 1560.
des Francs Bourgeois. . *f6*
des Francs Bourgeois. . *i9*

Frepillon.	*i*3	Ferpillon, Ferpeillon, de Frapillon 1456, Serpillon 1560.
de la Friperie. . . .	*g*4	
de la Fromagerie. . .	*g*4	de la vieille Fromagerie.
Fromenteau.	*f*4	du Froit-mantyau 14**.
Fromentel.	*g*6	Fresmantel 1300, Froid mentel 1399.
des Frondeurs. . . .	*e*3	
du Fumier.	*lm*6	
des Fuseaux. . . .	*g*4	des deux Fuseaux 1552.

G.

Gaillon.	*e*23	Michault Riegnau't 1495.
Galande.	*gh*6	Gallande 1300, Garlande.
Garenciere.	*e*6	
Gautier Regnault. .	*i*9	
Geoffroi l'Angevin. .	*i*4	Du Cul-de-pet 1271, Gieffroi l'Angevin 1300, du Cul de sac 1445.
Geoffroi l'Asnier. .	*i*5	Forgier l'Asnier 1300, Siége l'Asnier 1445.
S. George.	*f*1	
Gerard Boquet. . .	*k*6	
S. Germain l'Aux. .	*g*4	Grant rue S. Germain 1560.
S. Gervais.	*k*4	des Morins.
Gervais Laurent. .	*gh*5	Gervese Lorens 1300.
de Gêvres.	*h*5	De la Poulaillerie 1300.
S. Gilles.	*l*5	
du Gindre.	*e*6	
Gil le cœur. . . .	*g*5	Gui le-Comte 1397, Gilles le Cueur 1560.
de Glatigny. . . .	*h*5	Glateingni 1300, du Val d'amour 1505.
des Gobelins. . . .	*h*9	
de Gonesse.	*e*6	
du grand Chantier .	*k*4	Du Chantier du Temple, *comprenant celles* du Chaume & des Enfans rouges.
du grand Heurleur. .	*h*3	De Hulleu 1450, du Pet 1650.
des grands Dégrés. .	*h*6	
de la Grange Bateliere	*fg*1	
De la Grange aux Merciers.	*p*9	
Gracieuse.	*h*78	La Courtoise.
des Gravilliers. . .	*i*3	
de Grenelle. . . .	*bcd*5	Chemin de Grenelles, ou de Garnelle.
de Grenelle.	*f*4	De Guernelles 1283, de Garnelle 1300.
Greneta.	*h*3	D'Arnescati, d'Arnetal 1421, Grenetal 1560.
Grenier S. Lazare.	*h*3, *i*4	Grenier S. Ladre 1300.
des Greniers sur l'eau. .	*i*5	André sur l'eau 1257, Garnier fus l'yeaue, ou Guernier deffus liaue 1300, aux Brétons 1410, Garnier sur l'eau 1540.
Grenouillier.	*g*7	
du Gril.	*h*8	Ou vieille rue N. Dame.
Gros ier.	*g*4	
du Gros Caillou. .	*i*9	
du Gros chenet. . . .	*g*2	
Gueregaud.	*f*5	
Guerin Boisseau. .	*hi*3	Guerin-Boucel 1297, 1300, Guerin Boicel 1391.

du Guichet *e5*
Guillaume. . *e6 , d5 , i6*
Guillemin. . . . . . . *e6* De la Corne.
Guisarde. *e6*

H.

Harangerie (vieille). *g4* Arongerie 1450.
de Harlay. *g5*
de Harlay. *l4*
de la Harpe. . . *fg6* R. aux hoirs de Harecourt 1300, S. Côme.
du Hasard. *e3*
Haute des Ursins. . . *h5*
de la Haute borne. . *n3*
Hautefeuille. . . . . *f6* 1300.
Hautefort. . . . *g9*
du Haut moulin. . *h5* S. Denis de la Chartre 1300, S. Simphoriam 1500.
des Hauts fossés S. Mar-
    cel. *i9*
de la Heaumerie. . . *h4* De la Hiaumerie 1300, de la Haumerie 1560.
Hennequin ou de la Croix
    blanche. . . . . . . *ei*
S. Hiacinthe. *f7*
S. Hilaire. . . . . . *g67* 1300.
Hillerin Bertin. . . . *c6* Villeran en 1692.
S. Hippolyte. . . . *gh9* Des Teinturiers.
de l'Hirondelle. . . . *g5* D'Arrondalle en Laas 1222, l'Hyrandalle 1264,
    Hirondale 1300, Arondelle 1560.
de l'Homme armé. . . *i4* Perrenelle de S. Pol 1300, Pernelle S. Pol 1421.
S. Honoré. . . *de3 , fg4* S. Honoré 1300, Chaussée S. Honoré, grant rue
    S. Louis, *depuis les Quinze-vingt, jusqu'aux*
    champs 1423.
Honoré Chevalier. . . *e6*
de l'Hôpital S. Louis. *l1*
de l'Hôtel-Dieu, ou chauf-
    fée Gaillon. . . . *e1* à *présent* Chemin de la grande Pinte.
de la Huchette. . . . *g6* De Laas 1227, de la Huchette 1300.
du Hurepoix. . . . . *g5* Des Augustins 1560.

J.

Jacinte. *h6*
Jacob. *e5*
S. Jâques. . . . . . *g67* Grant rue outre petit pont 1263, grant rue vers
    S. Matelin 1284, Gr. R. S. Jaques 1323, Gr. R.
    S. Benoît le Betourné 1416, la grande Rue.
S. Jâques la bouch. . *h5* S. Jaques 1300, de la Vannerie, 1536.
du Jardinet. . . . . *f6* Du Champ petit 1300.
du Jardin du Roi. . . *i8*
des Jardins. *k5*
Jean Beausire. . . . . *l5* D'Espaigne 1450.
Jean de Beausse. . . *g4*
Jean S. Denis . . . . *f4* Jehan S. Denis 1450.
Jean de l'Epine. . . *h5* De la Tonnellerie, du Carrefour Guillori, Phi-
    lippe de l'Espine 1450.

Jean Lantier.	*g*4	Jaan Loing-letier, Jean Loinétier 1300, Philippe Lointier 1450.
Jean pain mollet.	*l*5	Du Croc, Jehan-pain-mollet 1300, de Pain-molet 1450.
Jean Robert.	*i*3	
Jean Tifon.	*f*4	Jehan Tifon 1300, Philippe Tyfon 14**.
S. Jean de Beauvais.	*g*6	Beauvoir 1300, 1399, *auparavant* du Clos Bunel.
S. Jean de Latran.	*g*6	De l'Ofpital 1300, de l'Hôpital 1346, de S. Jehan de Jérufalem 1423.
S. Jerôme	*h*5	
des Jeux neufs.	*g*2	Des Jeuneurs.
Jolivet.	*gh*1	
Joquelet.	*g*2	
S. Jofeph.	*g*2	Du Temps perdu 1650.
de Joui.	*i*5	De Joy 1300, de Jouy 1450.
du Jour.	*g*3	Raoul-Rouffolle ou Riffolle 1300, Jehan le Maire 1434, du Séjour du Roi, du Séjour.
de la Jouaillerie.	*g*5	Du Chef S. Lieufroy 1300, de la vieille Chevalerie, du Pont au Change.
Judas.	*h*6	
des Juifs.	*k*5	
de la Juiverie.	*gh*5	Jucrie 1300, Juifrie 1500.
S. Julien le pauvre.	*g*6	S. Julien 1300, S. Julien le poure 1450.
de la Juffienne.	*g*3	Sainte Marie Egyptienne, de la Gipecienne 1448.

L.

de Lamoignon.	*g*5	
S. Landri.	*h*5	
de la Lanterne.	*h*5	S. Bon 1300. Planche S. Denis de la Chartre, du Moulin 1457.
de Lape.	*m*5	Ou de Naples.
au Lard.	*g*4	
des Lavandieres.	*h*6, *g*4	à Lavandiere 1300.
S. Laurent.	*i*1	
Lefdiguieres.	*l*6	
S. Leufroi.	*g*5	
de la Levrette.	*h*6	Ruelle de Saine 1300, des trois Poiffons, de Pernelle 1552.
de la Licorne.	*h*5	De la Madelaine, Marcé Palu 1300, as Obloiers, des Oubliers 1340.
de la Limace.	*g*4	Aux Chats, de la place aux Chats, aux Pourceaux, des Déchargeurs.
de Limoges.	*k*4	
de la Lingerie	*g*4	Lingariere 1300.
de Lionne.	*c*3	
des Lionnois.	*g*9	
des Lions	*k*6	à Leon 1356.
des Lombards.	*h*4	De la Buffeterie 1300, de la Pourpointerie.
de Long-pont.	*i*5	R. à Moines de Lonc-pont 1300.
de la Longue allée.	*hi*2	Ou du Houffay.
S. Louis du Marais	*l*45	De l'Egout couvert.
S. Louis de la Cité.	*g*5	
S. Louis en l'Ifle.	*i*6	Rue neuve, Neuve S. Louis.
S. Louis.	*e*3	
de Louis le grand.	*c*2	
du Louvre.	*f*4	*Voyez* Cul-de-fac de l'Oratoire.

de Lourſine. . . . . *gh*6 Locus cinerum 1245. De Lorcine, du Clos Ganay ou Canaye 1562.
de la Lune. *h*2
de Luxembourg. . . *d*2

M.

Macon. *g*6
des Maçons. . . . . *g*6 Du Palaix (des Thermes) 1450.
de la Madelaine. . . *c*2
S. Magloire. *h*4
du Mail. *fg*3
Maillet. *f*9
des Marais. . . . *e*5, *l*7
des Mar. S. Martin. . *k*2
des Mar. du Temple. . *l*3
S. Marc *f*2
S. Marcel ou Mouffetard.
. . . . *h*9
de la Marche. . . . *k*4
du Marché aux chev. . *i*3
du Marché neuf. . . *g*5
du Marché Palu. . . *g*5 Marcé Palu 1300.
Ste. Marguerite. . . *e*5 R. S. Germain des Prés 1560.
Ste. Marguerite. . . *n*6
Ste. Marie. *d*5
des Marionettes. . . *g*8 Des Mariolettes 1560. (condamnée)
Marivaux. . . . . . *h*4 Marivas, des Marivaulx 1273, 1360.
des Marmouzets. . . *h*5 du Marmozet 1300.
des Marmouzets. . . *h*9
S. Martin. . . . *h*4, *i*3 de la porte S. Mefri 1300. (vers S. Merri)
du Martroy. . . . . *h*5 Rue S. Jeban en Grêve 1560.
des Mathurins. . . . *g*6 Du Palais des Thermes, des Bains, du Palais, du Palais des Bains. S. Mathelin 1300.
Matignon. . . . . . *e*4 De la petite Bretagne.
Matignonne. *i*8
Maubué. . . . . . . *h*4 De la Fontaine Maubué, *qui, avec la rue de Si-mon le franc, n'en faifoit qu'une en* 1456.
Mauconſeil. . . . . *gh*3 Malconſeil 14**, de Bourgogne, Neuve, Neuve S. François.
S. Maur. *c*6, *m*2
des Mauv. Garçons. . *f*6
des Mauv. Garçons. . *i*5 De Charteron, de Chartron 1300, de Craon. Charron 1560.
des Mauv. Paroles. . *g*4 Male-parole 1300, 1450.
Mazarine. *f*5
Mazure. *i*5
des Ménêtriers. . . . *h*4 A Jongléeurs 1300, des Jongleurs 1400, des Menneſtels 1421, aux Meneſtriers 1560.
du Ménil-montant. . *lm*3
de la Merci *i*4
S. Merri ou Cloître. . *h*4 Rue de la porte S. Mefri 1300.
Meſlay. *i*2, *k*3
Maziere. . . . . . . *e*6 De la petite Caſſette.
Michel le Comte. . . *i*4 Michel le court 1450.

LES RUES.		NOMS ANCIENS.
Mignon.	ƒ6	De la Chapelle Mignon 1560.
des Minimes.	l5	
des Moineaux.	e3	
du Monceau S. Gerv.	i5	
Mondétour.	h3	Maudeſtour 1300, 36, *depuis la rue des Prêcheurs juſqu'à celle du Cigne*, & Jean Gilles, *juſqu'à la rue de la Truanderie*. Maldeſirant 1450.
Mongalet.	p78	
de la Monnoie	g4	La rue o Serf 1297, 1300. 1433.
de la M. Ste Genev.	h67	Rue ſainte Genevieve la grant 1300.
Montmartre.	g23	Montmatre 1300.
Montmorenci.	hi3	Au Seigneur de Montmorancy 1300, de Morann 1450.
Montorgueil.	g3	Mont-roqueil 1450, *depuis les petits carreaux juſqu'à S. Euſtache* 1600.
de Montreuil	p6	
Moreau.	m7	
de la Mortellerie.	i5	1300.
Mouffetard.	h8	Idem 1239, S. Marcel 1552, Mauferart 1560.
des Moulins.	e3	
de Moucy.	i5	André Mallet 1560.
du Mouton.	h5	
de la Muette.	i8 , p5	
des Mulets.	e3	
du Murier	h6	Des Francs Muriers 1314, Pavée, Pavée d'Andouilles, du Meurdrier, du Meurir 1560.
des Murs de la Roquette.	op4	

N.

de Nazareth.	g5	
de Nevers.	ƒ5	
S. Anaſtaſe.	k5	
S. Auguſtin.	eƒ2	
des B. Enfans.	ƒ3	
Ste Catherine.	k5	
S. Denis.	hi2	Ou ſainte Apolline.
S. Etienne.	h7	Le chemin du Moulin, du Puit de Fer 1560, de Montauban, des Morfondus.
S. Euſtache.	g3	
des FF. Dieu.	h2	
Ste. Géneviève.	h78	
S. Gilles.	l45	
S. Laurent.	k3	
S. Martin.	i3	Du Murier.
S. Médard.	h7	D'Aberon 1560, d'Ablon.
S. Merri.	h4	Rue Neuve 1273, Rue neuve S. Meſri 1300, S. Marry 1450.
N. Dame.	gh5	Neuve Ste. Géneviève, de N. Dame.
d'Orleans.	i2	
d'Orleans.	hi8	Des Bouliers, du Bouloir 1163.
S. Paul.	k56	
des Pet. champs.	eƒ3	
de Richelieu, ou des Tréforiers.	ƒ6	
S. Roch.	e3	

Rue Neuve

neuve S. Sauveur. . . . *h*3
S. Nicaise. *c*4
S. Nicolas. *m*6
S. Nicolas du Chard. *h*6
du Noir. *h*8
des Nonandieres. . . *ik*5 à Nonains d'Hierre, ou d'Iere 1300, des Nonains, des Ormes, *La partie vers le Quai* 1450.

de Normandie. , . . *k*3

Rue N. Dame { des Champs. *cd , ed*8
de B. Nouvelle . *h*2
de Lorette. . . . *f*1
de Nazareth. . . *k*3
de Recouvrance. . *h*2 Petite rue Poiſſoniere 1600.
des Victoires. . . *f*23 Le chemin herbu.

des Noyers. . . . . *gh*6 Du Noyer 1300, S. Yves 1350, des Noyers 1401.

O.

de l'Obſervance. . . *f*6
de l'Obſervatoire. . . *e*9
Ogniar. , ... *h*4 Amauri de Rouſſi 1300, Hungart. De Veniſe 1560.
des Oiſeaux. *k*4
d'Olivet *b*6
de l'Orangerie. . . . *c*3 Cul de ſac avant 176*.
de l'Orangerie. . . . *h*8
des Orfévres. . . . . *g*4 A Moignes de Jenvau 1300, des deux Portes 1560.
d'Orleans (S. Hon.) . *f*4 De Necle 1300, de Bahaigne, de Bohème.
d'Orleans. (Marais). . *k*4
des Orties. *e*3
des Orties. *e*4
de l'Oſeille. *k*4
aux Ours. . . . . . . *h*3 Où l'on cuit les Os ou Oés. As Oués 1316, 1422, aux Oyes, aux Oes 1425.

P.

Pagevin. *g*3
Palatine. *c*6
du Paon. (S. Victor). . *h*7 Alexandre l'Anglais 1300.|
du Paon. (S. André). . *f*6 Du Puon 1300, de l'Archev. de Rheims 1351.
du Paon blanc. . . . *i*5
du Paradis. . *fg*8, *h*1, *i*4
de la Parcheminerie . *g*6 As Ecrivains 1300, aux Ecrivains lez S. Severin 1319, des Parcheminiers lez S. Severin juſ-qu'en 1408.

du Parc Royal. . . . *k*4 Du Petit Paradis, des Fuſées.
du Parc Royal. . . . *l*5
du Pas de la Mule. . . *l*5
Patourelle. . . . . . *k*4 Groignet 1296, de Jehan de S. Quentin 1302.
Pavée (S. Antoine). . *k*5 Du Petit marais 1406. de Marivas, Marivaux, Petit Marivaux.
Pavée (S. Denis). . *gh*3 Pavéegoire, ou Pavée d'Andouilles 1300.
Pavée S. André. . . *f*5 Pavée d'Andouilles 1560.
du Pavé de la Pl. Maub. *h*6 Via Stramentaria, ou Rue du Chaume.

LES RUES.	NOMS ANCIENS.
S. Paul. . . . . $k56$	S. Pol 1450.
Payenne. . . . . . . $k45$	
du Pelican. . . . . . $f4$	Poilecon 1421, 1560.
de la Pelleterie. . . $gh5$	1300. de la vieille Pelleterie 1423.
de la Pepiniere. . . $a1$	
Percée (S. Antoine). . $k5$	Percié 1300.
Percée. . . . . $g6$	
du Perche. . . . . . $k4$	
Perdue. . . . . $h6$	1300.
des saints Pères. . . $de5$	De S. Père, ou de S. Pierre.
de Perigueux. . . . . $k4$	
de la Perle. . . . . . $k4$	
Pernelle. . . . . . . $h5$	
de Perpignan. . . . . $h5$	De la Pomme 1300.
Perrin Gasselin. . . $g4$	Berrin Gasselin 1300. (tout le Chev. du guet.)
du Pet au diable. . . $i5$	Ruelle Tournai 1300.
du Petit bac. . . . . $cd6$	
du Pet. Bourbon. $f4$, $ef6$	
du Pet. Carreau. . . $g3$	
de la Pet. Triperie. . $g4$	
du Pet. Heurleur . . $h3$	Du Petit Huleu 1560.
du Pet. Lion. . . . . $h3$	Au Lion 1300 & 1423, du grand Lion 1497, de l'Arbalêtre, des Arbalêtriers.
du Pet. Lion. . . $f6$	
du Pet. Marivaux. . . $h4$	
du Pet. Moine. . . . $hi9$	
du Pet. Musc. . . . $l56$	Du Petit muce 1358, du Pute y muce, & Put y muce 1450, de la petite Puce 1560.
du Pet. Pont. . . . $g6$	De la Poissonnerie 1300.
du Pet. Vaugirard. . $c7$	
des Pet. Augustins. . $e5$	
des Pet. Champs. . . $hi4$	
des Pet. Peres. . . . $f3$	
des Pet. Piliers. . . $g4$	
Phelipeaux. . . . . . $ik3$	Frappault, Frepaux, Fripaux 1560.
S. Philippe. . . . . . $h2$	
du Pied de bœuf. . . $h5$	De la Triperie 1300, 1399, 1489.
S. Pierre. . . . . . . $fg3$	
S. Pierre. . . . . . . $l4$	Perriche.
Pierre à Poisson. . . $g5$	Ruelle o poisson 1300.
Pierre assis. . . . . $h9$	Quirassis.
Pierre au lard. . . . $h4$	Pierre à lart 1300. Pierre au rat. Espaulart 1375.
Pierre Sarazin. . . . $fg6$	
S. Pierre aux bœufs. . $h5$	S. Père à beus 1300, aux beufs 1454.
Pilliers des Potiers d'é-tain. . . . . . . $gh4$	
Pil. de la Tonnell. . $g4$	Avans de Halles 1300.
de Pincourt. . . . . $n45$	Popincourt.
Pirouette *ou* Tirouane. $g4$	Peconnet 1450, Petouet 1550, Pirouette en Theroenne 1600.
de la Place aux veaux. $h5$	
S. Placide. . . . . . $c6$	
de la Planche. . . . $cd5$	
de la Planche-mibray. $h5$	Carrefour de Mibrai 1300. Rue & place de Mibrai 1560.

de la Planchette *lm*6 , *o*7

du Plat d'étain. . . . *g*4 Baudoin Prengaie 1300, Rolin prens gaiges.

du Plâtre. . . . . . . *g*6 A Plâtriers 1300, de la Platrière.

du Plâtre. . . . . . *i*4 Jehan S. Pol 1240; Défunt Jehan S. Pol 1266, au Plaſtre 1280, du Plaſtre 1300, de la Plaſtriere, 1386, du Plaſtre 1450.

Plâtrière. . . . . . . *g*3 De Grenelle 1283 , Plaſtriere 1305, de la Plaſtrerie 1450.

des Plumets. *i*5

de la Pointe S. Euſt. . *g*34

des poirées. . . . . *g*7 R. o Porel 1300.

du Poirier. . . . . . *h*4 La Bouclerie , ou de la petite Bouclerie 1300, de la Boucherie 1450. Eſpaulart. Bloquetie 1550.

des Poiſſonières. . . . *h*2 Chemin du val-Larronneux, des Poiſſoniers, rue des Poiſſoniers.

des Poitevins. . . . *fg*6 Ginard aux Poitevins & de la Barre 1300. Poitevine 1600. *La partie du côté de la rue du Batoir.* Rue du Pet 1422, du petit Pet 1560.

de Poitiers. *d*4

de Poitou. *k*4

Poliveau. . . . . *ik* , *l*8

du Ponceau. *i*23

du Pont aux biches. *i*3 , *i*8

du Pont aux choux. . *l*4

Popincour. *m*4

des Porchetons. . . . *ef*1

Port l'Evêque. . . . *h*6

Portefoin. . . . . . . *k*3 Des Poulies 1282 , Richard des Poulies , Portefin.

des Poſtes. . . . . . *g*7 S. Severin des Poteries.

des Poſtes. *f*1

du Pot de fer. . . . *e*6 Du Verger, des Jardins 1560.

du Pot de fer. . . . *h*8 Du Bon-quitte.

de la Poterie. . . . . *h*5 De la vieille oreille, Guignoreille, Guillery.

de la Poterie. . . . . *g*4 De la Ganterie 1300, des deux jeux de Paume, Neuve des 2 jeux de Paume.

de la Poterie S. Severin. *g*7

des Poules. *g*7

des Poulies. . . . . *f*4 1300 des Poulliers.

Poultier. *i*6

Poupée. . . . . . . *g*6 1300 de Lias, de Laas , Poinpée 1450.

du Pourtour. . . . . *i*5 Du Cimetière S. Gervais 1300, R. S. Gervais 1560.

des Prêcheurs. . . . *h*4 Des Preſcheeurs 1300.

des Prêtres {
S. Etienne. . . . *h*7 Petite Ruelete 1300. Ruelle Ste. Géneviève. Du Mouſtier 1352 , 86.

S. Germ. l'Aux. . *f*4

S. Paul. . . . . . *k*5 De la fauſſe Poterne S. Pol.

S. Severin. . . . *g*6 Petite Ruellette S. Sevring , de l'Arciprêtre 1300. Ruelle S. Severin 1386.
}

Princeſſe. *e*6

des Prouvaires. . . . *g*4 Des Prevoires 1297, à Prouvoires 1300, des Provelles 1600.

du Puit. *i*4

du Puit d'Amour. . . *h*4 De l'Arianne, ou Arienne.

du Puit l'Hermite. . . *i*8

du Puit qui parle. . *gh*7 Des Roſiers.

du Puit de Rome. . . *i3* Du Puis 1300.
du Puit de la Ville. . *g8* Du Sanfonet, du Puit de l'Orme.

Q

des Quatre fils. . . . *k4* Des 2 Portes 1388, de l'Echelle du Temple 1553, des quatre fils Aimon 1560.

des Quatre vents. . . *f6*
des Quenouilles. . . *g4*
Quinquempoix. . . . *h4* Quiquenpoit 1300.
Quiraffis ou P. Affis. . *h9*

R.

de Rambouillet. . . *n78*
de la Rapée. *m7*
des Rats. . . . . . . *h6* D'Aras 1300.
des Rats. *p4*
de la Realle. . . . . *g34* Jehan Bingue 1300.
des Recollets. . . . *k1*
du Regard. *d67*
Regratière. *i6*
de la Reine blanche. . *hi9*
du Rempart. *e3*
des Remparts. . . . *ik2*
du Renard. *h3*
du Renard. . . . . . *h4* Cour Robert de Paris 1300. Du Renard qui prêche 1560.
Renaud le Fevre. . . *i5* Regnault le frere.
du Repofoir. *fg3*
de Reuilly. . . . *o6, p7*
de Reims. . . . . . . *g7* Du Duc de Bourgogne 1300.
de Richelieu. . . . *f23*
de S. Roch. . . . . . *g2* Du gros chenet.
du Roi doré. . . . . *kl4* S. François. Rue Françoife 1600.
du Roi de Sicile. . *ik5* Roi de Sezille 1300.
de S. Romain. . . . *c7*
de la Roquete. . . . *mn5*
des Rofiers (au Marais)
. . . . *ik5* 1300.
des Rofiers (S. Germ.) *d5*
du Roule. . . *a1 , g4* Au Quains de Pontis 1300, au Comte Ponti 14**, du Comte de Pontieu, de la Charpenterie.
de la Roulette. . . *mn3*
Rouffelet. . . . . . . *b6* Des Vaches en 1692.
Royale. . . *c3 , e3 , l5*

S.

du Sabot. *e6*
de Saintonge. . . . *kl3*
Salle au Comte. . . *h34* La place ou voye fans chef, *qui vient de la rue* où l'on *cuit les boës,* c'est-à-dire, cul de fac 1425, au Comte de Damp Martin. De la Salle du Comte 1560.

des Sanſouets. . . . *ƒ8* *condamnée.*
de la Santé. *ƒ9*
de la Savonerie. . . *h45* *dont une partie* Pierre o let 1300, 1450.
de Savoye. *ƒ5*
des Sauſſayes. . . . . *b2* Des Carrieres, de la Couldraye 1600.
S. Sauveur. *h3*
S. Sebaſtien. *lm4*
S. Syphorien *ou* des Cho-
    lets. *g7*
de Seine. . . . . . . *ik7* Des Murs S. Victor.
de Seine. *ƒ5*
du Sentier *ou* Centier. *g2*
des Sept voyes. . . . *g7* 1300.
du Sepulcre. . . *d6* , *e5*
Serpente. . . . . . . *g6* De la Serpent 1300, de la Serpente 1450.
de Sevre. . . *ab7* , *cd6*
S. Severin. . . . . : *g6* S. Sevring 1300.
Simon le Franc. . . *hi4* Symon le Franc 1300.
des Singes. : . . . . *i45* Pierre d'Eſtampes 1269, Perrot ou Perrian d'Eſ-
                  tampes 1272, 1332, à Singes 1300, des Saiges
                  1450.
de Soiſſons. *ƒg3*
Soly. *g3*
de la Sonnerie. . . . *g5* Saunerie 1300, de la Saulnerie 1415.
de Sorbonne. . . . . *g6* Des deux Portes 1258, as hoirs de Sabonnes 1300.
de Sorbonne. . . . . *d5* De Serbonne 1450.
de Soubiſe. . . . . . *hi4* De Clichon 1450, préſentement paſſage de la Merci
          à la vieille rue du Temple.
de la Sourdiere. . . . *e3*
de Sourdis. *k4*
de Suréne. *bc2*

T.

de la Tableterie. . . *g4* De la Hanterie, S. Opportune, Cordonnerie, ou
          vieille Cordonnerie.
de la Tacherie. . . . *h5* 1300.
Taillepain. . . . . . *h4* A Chavetiers, & de l'Eſtable du Cloître 1300.
de la Tannerie. . . . *h5* De la planche aux Teinturiers 1348, de l'Ecor-
          cherie.
Taranne. . . . . . . *de5* R. S. Germain des Prés 1560.
Taranne petite. . . . *e6*
des Teinturiers. . . . *h5* De la Coiffrerie 1300.
du Temple. . . . . *i5* , *k4* De la Chevalerie du Temple 1252, de la porte du
          Temple juſqu'à la rue Bar du bec.
Thereſe. *e3*
Thevenot. *h3*
Thibaut aux dés. . . *g4* Thibaut à dez 1300.
S. Thomas. *ƒg7*
S. Thomas du Louvre. *e4*
Tiquetonne. . . . . *g3* Denis le Coiffrier 1399, Denis Coueffrier 1552,
              Quequitonne 1450, Quiquetonne 1600.
Tireboudin. . . . . *gh3* Tireuit 1450.
Tirechape. *g4*
Tiron. . . . . *e5* Jean Tizon 1560.

Tirouane. *h*4
de la Tixeranderie. . *h*15 Viez Tisseranderie 1300.
de la Tonnellerie. . . *g*4 1300.
de Torigny. *k*4
de Touraine. *k*4
de la Tour des Dames. *e*1
de la Tournelle. . . . *h*6
des Tournelles. . . . *l*5
de Tournon. *f*6
Transnonain. . . . . *i*34 Trasse-putain 1390, Trasse-Nonain 1422, Trousse-
　　　　　　　　　Nonain 1453.
de Traverse. *b*6
Traversiere. . *e*3, *mn*6
Traversine. . . . . . *h*7 Traversaine 1300.
de la Treille. *f*6
Trénée *ou* Trainée. . *g*34 La Ruelle au Curé, ou R. de la Croix neuve 1300.
des Trésoriers *ou* neuve
　　de Richelieu. . . . *f*6
Tripelet *ou* Triperet. . *h*8
de la Triperie. . . . *h*5

des Trois {
　Bornes. *m*3
　Chandeliers. . . *g*56 Orillon, sac à lie. 1246, Thibault aux broches
　　　　　　　　　1379, 1421, Bertret 1500.
　Couronnes. . . . *h*9
　Mores. . . . . . *h*4 Du Vin le Roi 1300. Guill. Josse 1422.
　Pavillons. . . . *k*45 Diaune.
　Pistolets. *k*6
　Portes. . . . . . *h*6 1300, des deux Portes 1560.
　Visages. . . . . *g*4 Jehan l'Eveiller 1300. Jehan de Goulieu 1434.
}

du Trône. *p*6
Tronion. . . . . . . *h*4 Vitrognon, Court Pierre la pie, la Basennerie 1300.
　　　　　　　　　Fraillon 1421.
Trop va qui dure. . . *g*5 Qui my-trouva-si-dure.
Troussevache. . . . *h*4 d'Oudard Troussevache 1300.
de la Truanderie. *g*3, *h*4 Grant Truandérie 1300.
Truanderie petite. . . *h*4 1300.
de la Tuerie. . . . . *h*5 De l'Escorcherie. 1300.
de Turenne. *f*6

　　　　　　V.

de la Vallée de Fecamp.
　. . . . . *p*89
de la Vannerie. . . . *h*5 1300, de l'Avoinerie 1386.
de Vantadour. *c*3
de Varenne. *bc*5
de Vaugirard. . *cd*7, *cf*6 Chemin de Vaugirard, rue des Vaches, de la Ver-
　　　　　　　　　rerie.
de Vendome. *k*3
de Venise. . . . . . *h*4 Bertaut qui dort 1560.
Verdelet. *h*3
Verderet. . . . . . *g*3 Merderiau 1300, Merderel 1400, R. Breneuse
　　　　　　　　　1460.
de Verneuil. . . *d*4, *e*5
de la Verrerie. . *h*4, *i*5 De la Voiererie 1386, *depuis la rue Bardu.. e jus-
　　　　　　　　　qu'à celle de S. Martin.*

de Versailles. . . . . . *h*7 Verseille 1300, des Bons Enfans.
des Vertus. *i*3
du Vert-bois. . . . . *i*3 Gaillard-bois.
S. Victor. . . . *h*67 , *i*7 1300.
de la vieille Bouclerie. *g*6 de la gr. Bouclerie, de la Bouclerie, de la vieille
          Bouqueterie, l'Abreuvoir de Mascon 1272, Pe-
          tite Bouclerie 1300, Neuve outre le Pont S. Mi-
          chel 1439. Vieille Bouquelerie 1560.
de la vieille Harangerie. *g*4 De la Hedengerie 1300.
vieille rue S. Jâques. *g*2 Ou Centier.
de la vieille Lanterne. *h*5
vieille rue du Temple.
     . . . . *i*5 , *k*4. Rue du Temple 1300.
vieille rue N. Dame. . *h*8 Ou du Gril.
de la vieille Monnoye. *h*4 De la viez Monoie 1300.
des vieilles Audriettes. *i*4 Jean l'Huillier 1290, de l'Echelle du Temple 1600.
des vieilles Etuves. . . *g*4 Geoffroy Baynes 1269, des Escuves 1450.
des vieilles Etuves. . *h*4
des vieilles Garnisons. *h*5 Le Martelet S. Jehan 1247. le Marthelet S. Jehan
          de Greve, Martrai 1300, du Martel S. Jean
          1560.
des vieilles Thuilleries.
     . . . . *c*76 , *d*6
des Vieux Augustins. . .
     . . . . *f*3 , *g*3 Des Augustins 1450.
du Vieux Colombier. *de*6
des Vignes. . . . . . *g*8 S. Severin.
Villedot. *ef*3
de la Ville l'Evêque. *bc*2
de Villiers. *a*1
des Vinaigriers. . . . *k*1
de l'Université. . . . *cd*4
de la Voirie. . . . . . *g*1 Ou Cadet.
Vivienne *f*23
de la Vrilliere. . . . *f*3
Vuide-gousset. *f*3

       Z.

Zacharie. . . . . *g*6 Sac à lie 1300, Sa-calie 1386, 1423, Sac-alie 1432.
          Ruelle Sacalie qui va à la rivière 1433.

CARREFOURS.

CARREFOURS.   NOMS ANCIENS.

de Bussi. *f*5
de la Croix rouge. . . *d*6
de l'Ecole. *f*4
S. Gervais. *i*5
Guilleri. . . . . . . *h*5 Guillori 1300, Guignoreille, *parce qu'on y coupoit
         les oreilles au pilori qui y étoit du tems de
         Raoul de Presle.*
S. Hippolyte. *h*9
de l'Isle S. Louis. . . *i*6

CARREFOURS.		NOMS ANCIENS.
S. Lazare.	i1	
de la Pierre au lait.	h4	
de la Pitié.	i7	
du Pont de la Tourn.	i6	
du Puit de l'Hermite.	i8	
des Quatre Cheminées.	e3	*Dans la rue des Frondeurs.*
de la rue aux Fers.	g4	
de la Tannerie.	h5	
des trois Maries.	g4	

CULS-DE-SACS.

CULS-DE-SACS.		NOMS ANCIENS.

A.

d'Amboife.	h6	
des Anglois.	i4	
d'Argenfon.	i5	
de l'Ave Maria.	k5	
d'Aumont.	i5	

B.

des Babillards.	h2	
S. Barthélemy.	g5	
Basfour.	h3	Des Basfours, dite fans chef 1600.
Petite Baftille.	g4	
Beaudoirie.	h4	
Beaufort.	h4	
S. Benoît.	h5	
Bertaut.	i4	Cul-de-fac le Grand 1300, rue des Truyes 1600.
du Bœuf.	i4	
des Bœufs.	g7	R. à Bouvetins 1300.
du Bon puit.	h7	
de la Bouteille.	g3	Ou de la Cuiller.
Bouvard.	g6	
de la Braflerie.	e3	Ou des Prêcheurs & de la Traverfe.

C.

des Carmelites.	f8	
Ste Catherine.	f7	
du Chat blanc.	h5	Jehan Chat blanc 1300, Gille-chat-blanc 1391, Chablan 1432, petite ruelle des chats, R. Guichard le blanc 1498.
du Chevalier du Guet.	g4	
S. Claude.	l4, g3	
de Clervaux.	h4	
du Cloître S. Germ. l'Auxerrois.	f4	
des Commiffaires.	g2	

Coquerel.	k5	
de la Corderie.	e3	ou Peronelle.
de la Cour Ste Catheri-ne.	h3	
Courbaton.	f4	R. col de Bacon 1300. R. du coup de baston 14**.
Cour de Rouen. . . .	f6	Rue à l'Evêque de Rouen 1450 & 1560.
de la Cour des Bœufs.	g6	Ou Bouvard.
de François I.	h3	
des Miracles.	h3	
de la Croix Faubin. .	06	
du Crucifix.	g3	

E.

de l'Echiquier.	i4	
de l'Egout.	h2	
de S. Eloi.	k5	
de l'Etoile.	h3	
des Etuves.	h4	De l'Esculerie 1300.

F.

S. Faron.	i5	Rue des Juifs 1281, Violette, Barentin, de l'Esculerie 1300.
Ferrou *ou* des Prêtres de S. Sulpice.	e6	
des Feuillantines. . . .	f8	
S. Fiacre.	h4	R. la Lamperie 1300.
des Filles Dieu. . . .	h2	
du For-aux Dames. .	h4	Four aux Dames, Fort aux Dames, petite rue de la Heaumerie.
de la Fosse aux Chiens.	g4	Rue en 1450.
de Fourci.	i5	

G.

Gloriette *ou* Gloziette.	g6	
de la Grange Batelliere.	f1	
Grosse-tête.	h2	
Guespine.	i5	Rue des viez Poulies, & des Poulies saint Pou 1300. d'Anguespine 1425.
du Guichet.	i5	
Guimené.	l5	

H.

Hautefort.	g9	
de la Heaumerie. . .	h4	
S. Hiacynthe.	e3	
des Hospitalieres. . .	l5	

J.

du Jardin du Roi. . .	i7	

de Jerusalem. *h5*
des Jesuites. *k5*
du Jeu de Metz. . . . *f6*

L.

S. Laurent. *h2*
Lempereur. *h3*
S. Louis. . . . . . . *l2* Autrefois rue des Postes.

M.

S. Magloire. *h4*
Ste Marine. . . . . . *h5* R. sainte Marine 1300.
S. Martial. . . . . . *g5* Le Porche S. Mathias 1300. Le Portail S. Mar-
cial 1552.
Matignon. *e4*
S. Michel. *k1*
Mortagne. *n5*

O.

de l'Opera. . . . . . *f5* Ou Court-Auri.
de l'Oratoire. . . . . *f4* Rue d'Hosteriche, d'Austriche, de l'Autruche, du
Louvre.

P.

du Palais Royal. . . . *e3*
du Paon. . . . . . . *f6* Rue de la maison de Reims 1560.
des Patriarches. . . *h8*
S. Paul. *k5*
Pequai *ou* Novion. . . *i4*
Peronelle. *e3*
du Petit Jardinet. . *o6*
S Pierre. *g2*, *l4*
S. Pierre Gourtin. . . *g3*
de la Planchette. . . *i2*
Porte aux Peintres. . *h3* Rue des Arbaletriers, de l'Arbalêtre, *avec la rue
du petit Lion*, de la Porte aux Peintres, & de
l'Asne rayé.
des Prêcheurs . . . . *e3* Ou de la Brasserie, ou de la Traverse.
des Prêtres S. Sulpice *ou*
S. Pierre. *e6*
des Provenceaux. . . *g4* Ou d'Anjou.
Putigno. *i5*
Putigneux. . . . . . *i5* Rue Ermeline Boiliaue 1300. R. Putigneuse 1560.

Q.

des Quatre Vents. . . *f6*

R.

S. Roch. *e3*
Roun-prend-gages. . *g4* Rue Raoul l'avenier 1300.

de Rome *i*3
de la Roquette. . . . *n*5

S.

des Sablons. . . . . *h*5 Rue du Sablon 1300. *entre l'Hôtel-Dieu & la rue
    N. D.
Salembriere. . . . . *g*6 Rue Saillembreu 1380, Saille-en-bien 1386, Saillie
    en bien 1560.
de Soiffons. *g*3
de Sourdis. *f*4

T.

de la Traverfe. . . . *e*3 Ou de la Brafferie.

V.

de Venife. *h*4
des Urfulines. *g*8

PLACES.

de l'Arfenal. *h*6
de la Baftille. *l*5
Baudoyer *ou* Baudet. *i*5
de Cambray. *g*6
du Carouſel. *e*4
aux Chats. *g*4
de la Croix rouge. *d*6
du Chevalier du Guet. *g*4
Dauphine. *fg*5
de l'Ecole (rue du Port au foin
    1560.) *f*4
de Fourci. *h*7
de la Grève.. . . . . *h*5
d'Henri IV. *f*5
de Louis XV. *bc*3
du Louvre. *f*4
Monfils. *ik*6
du Palais royal. *f*4
du Pont S. Michel. *g*5
Royale. *l*5
S. Michel. *f*7
de Sorbonne. *g*6
de S. Sulpice. *e*6
du Temple.. . . . . *k*3
des trois Maries. *g*4
aux Veaux. *i*5
de Vendôme. *d*3
des Victoires *f*3

MARCHÉS.

aux Chevaux. *i*8

du Cimetière S. Jean. *i*5
de la Croix-rouge. *d*6
Daguefleau. *c*2
de la Foire S. Germain. . . . *f*6
aux Fleurs, Q. de la Megifferie. *g*45
{ Halle au Pilori. . . . . . }
{ Marché Champiaux 1300. . . . } *g*4
{ Halle au blé. . . . . . . }
Halle au Vin. *i*6
Marché-neuf. *g*5
de la Place Maubert. *h*6
aux Poirées. *g*4
de la Porte-Paris. *g*5
des Quinze-vingts.. . . . . . *e*3
de S. Etienne des Grès. . . . *g*7
de S. Michel. *f*7
de S. Nicolas des Champs.. . *i*3
de S. Nicolas du Chardonnet. *h*6
du Temple. *k*3

QUAIS.

d'Alençon ou d'Anjou. . . . *ik*6
des Auguftins ou de la Volaille. *fg*5
des Balcons ou Dauphin. . . *ik*5
de Bourbon. *i*56
des Celeftins. *k*6
de Conti. *f*5
de l'Ecole. *f*4
des Galeries du Louvre. . . . *e*4
de Gêvres. *h*5
de l'Horloge (des Morfondus). *g*5
du Louvre. *f*4
Malaqueft (*olim*) Reine Margue-

rite. . . . . de 4
du Marché neuf. . . . . . . g 5
de la Megisserie ou de la Ferail-
le. . . . . g 4 5
des Orfêvres. . . . . f & 5
d'Orleans. . . . . i 6
des Ormes ou Beaufils. . . . i 5
d'Orsai . . . . bcd 4
Pelletier ou Quai neuf. . . . h 5
de la Porte S. Bernard. . . . i 6
des quatre Nations. . . . . . f 5
de la Tournelle. . . . . i 6
des Thuilleries. . . . . . . cd 3 4

PONTS.

aux Biches. . . . . i 8
au Change. . . . . g 5
aux Choux. . . . . i 4
S. Charles. . . . . h 6
au Double ou de l'hôtel-Dieu. h 6
de Gramont. . . . . k 6
Marie. . . . . i 6
S. Michel, Pont-neuf en 1500... g 5
Neuf. . . . . f 5
N. Dame. . . . . h 5
Petit pont. . . . . g 5
Rouge. . . . . h 5
Royal. . . . . d 4
de la Tournelle. . . . . i 6
aux Trippes. . . . . h 8

PORTS.

S. Bernard. . . . . i k 6
au Blé. . . . . h i 5
au Bois neuf. . . . . f 4
au Charbon & à la Chaux... h 5
au Foin. . . . . i 5
aux Huitres. . . . . f 4
au Pavé. . . . . c 4
aux Pierres. . . . . a 3
au Plâtre. . . . . l 7
S. Landri. . . . . h 5
S. Nicolas. . . . . e 4
S. Paul. . . . . k 6
aux Thuilles. . . . . h i 6
au Vin. . . . . i 6

PORTES NOUVELLES.

S. Antoine 1674. . . . . . . l 5

S. Bernard 1670. . . . . i 6
S. Denis 1672. . . . . h 2
S. Martin 1674. . . . . i 2

PORTES *de l'enceinte de Philippe Auguste.*

S. Avoye. . . . . R. S. Avoye.
Babagne ou Coquillère. R. Coquil.
Barbeau ou Barbelle-vers-yeaue
près le Port S. Paul.
des Barrez. . . . . . . R. des Barrez.
Baudets. . . . . . . R. S. Antoine.
de Bussy. . . . . . . R. S. André.
du Chaume près la Merci.
du Comte d'Artois. R. Comt. d'Ar.
Dauphine . . . . . . R. Dauphine.
S. Eustache ou Montmartre.
S. Germain. . . R. des Cordel.
S. Honoré. . . . R. S. Honoré.
S. Jâques. . . . R. S. Jâques.
du Louvre. . . . Q. du Louvre.
S. Marcel. . . . R. Bordet.
S. Martin. . . . R. S. Martin.
S. Michel. . . . R. de la Harpe.
de Nesle. . . Q. des 4 Nations.
Nicolas Hydron.
aux Peintres. . . R. S. Denis.
de la Tournelle.

Fausses Portes.
- Bourg l'Abbé.. R. B. l'Ab.
- Papale... Murs Se. Génev.
- S. Pol.. R. des Prêt. S. P.

PORTES *de l'enceinte du Roi Jean.*

S. Antoine. . . R. de même nom.
S. Denis. . . . . id.
S. Honoré. . . . . id.
S. Martin. . . . . id.
Montmartre. . . . . id.
Neuve. . . . . . . Q. du Louvre.

PORTES *de l'enceinte commencée par Charles IX. & continuée par Louis XIII.*

Se. Anne. . . . R. de même nom.
Gaillon ou S. Roch. R. Gaillon.
S. Honoré. . R. de même nom.
Montmartre. . R. de même nom.
Neuve, puis de la Confer. sur le Q.
Richelieu. . . R. de même nom.

54

LIEUX PRIVILEGIÉS.

1°. *En vertu de Justice Seigneuriale.*

l'Archevêché (*a*)....... h6
le Chapitre de N. Dame (*b*). h5
Se. Geneviève (*a*)...... gh7
S. Germain des prés...... e5
S. Jean de Latran...... g6
S. Marcel.......... hi9
S. Martin des champs.... i3

2°. *En vertu de jurisdiction royale.*

le Bailliage de l'Arsenal... kl6
le Bailliage du Palais (*b*)... g5

3°. *Proprement dits & par Lettres Patentes.*

S. Denis de la Chartre.... h5
le Fauxbourg S. Antoine (*c*).
les Galeries du Louvre (*c*).. e3
les Gobelins (*c*)...... h9
l'Hôpital général (*c*)... kl89
——de la Trinité (*c*).... h3
le Val de Grace ou Cour S. Benoît............ g8
Chaillot...}
le Roule...} reputés Fauxbourgs, mais hors du plan.
la Villette.}

4°. *Prétendus , sans aucun titre.*

S. Etienne des grès..... g7
S. Jâques l'hôpital...... h3
l'Oursine........... gh9
les Quinze-vingts...... e4

(*a*) Il ne fait point usage de son privilége.
(*b*) Sans pouvoir jouir de son privilége.
(*c*) Donnant maîtrise.

LIEUX REMARQUABLES.

Académ. Roy. { d'Architecture.} }
{ Françoise....} dans le Louvre...f4
{ des Inscriptions.}
{ de Musique........ e4
{ de Peint. & Sculpt. Louv. f4
{ des Sciences....... f4
Académie Royale de S. Luc. h5

Arquebuse............ m5
Arsenal............ l6
Bastille............ l56
Grand Châtelet......... g5
Petit Châtelet........ g6
Château d'eau......... f4
Combat des animaux.... b7
Comédie françoise...... f6
Comédie italienne...... g3
Compagnie des Indes..... f3
Conciergerie...... g5
Consuls........... h4
Cours de la Reine...... ab3
Douane........... f3
Ferme du Tabac........ e4
Foire S. Germain...... ef6
——S. Laurent........ i1
Fort l'Evêque......... g4
Galeries du Louvre...... e4
Gobelins........... h9
Grenier à sel ou Gabelle... g4
Hôtel de Ville (Maison aux piliers , & Hôtel Dauphin vers 1357)........... h5

Jardins {
des Apoticaires...... h8
de l'Arsenal......... l6
du Luxembourg...... f7
du Palais royal..... f3
du Roi ou des plantes.. i8
de Soubise...... ik4
du Temple...... k3
des Thuilleries..... cd34
}

Imprimerie Royale au Louvre. e4
les Invalides 1671...... a5
le Louvre.......... ef4
Manufacture des glaces... o6
——de Terre d'Angleterre... l4
la Monnoye......... g4
Monnoye des Médail. au Louv. e4
Mousquetaires gris..... d4
Mousquetaires noirs...... m6
l'Observatoire...... f9
l'Opera........... f4
le Palais marchand..... g9
le Palais d'Orleans ou Luxemb. f6
le Palais royal..... ef34
le Palais des Thuilleries.. de34
la Pompe N. Dame..... h5
la Poste aux chevaux.... f4
la Poste aux lettres.... g3
la Prison de l'Abb. S. Germain. e5
——de S. Martin..... i3
le Reservoir du grand Egout.. l3

la Samaritaine. *f*4
les Thermes *g*6

Bibliothèques publiques
des Avocats à N. Dame, *Mer-
credi, Samedi.* . . . *h*6
de la Doct. Chrétienne, *Mardi, Vendredi.* . . . *h*7
Mazarine, *Lundi, Jeudi.* *f*5
de Médecine, *Lundi après
midi.* *h*6
du Roi, *Mardi, Vendr.* *f*23
de S. Victor, *Lundi, Mercre-
di, Samedi.* *i*7
de Chirur. & Acad. royale. *f*6

Ecoles
de Droit { Cambrai. . . . *g*6
{ R. S. J. de Beauv. *g*6
du Jardin du Roi. . . . *i*8
de Médecine *h*6
de Sorbonne vers 1200. . *g*6

COLLÉGES *en exercice.*

de Se. Barbe en 1430. . . . *g*7
de Beauvais, 1370. . . . . . *g*6
du Cardinal le Moine, 1302. *h*6
des Graffins, 1569. . . . . *h*7
d'Harcourt, 1280. . . . . *f*6
des Jesuites ou de Clerm. 1550. *g*7
de Lisieux, 1336 & 1414. . *g*7
de la Marche, 1422. . . . *h*6
Mazarin, 1661. . . . . . *f*5
Montaigu, 1314. . . . . *g*7
de Navarre, 1304 . . . . *h*7
du Plessis, 1322. . . . . *g*6

COLLÉGES *sans exercice.*

d'Arras 1332. . . . . *h*7
de l'Ave Maria, 1339. . . . *h*7
d'Autun, 1337. . . . . . . *g*5
de Se. Barbe, 1556. . . . *g*7
de Bayeux, 1308. . . . . *g*6
des Bernardins, vers 1230. . *h*6
de Boiffi, 1354. . . . . *fg*6
de Boncourt, 1353. . . . . *h*7
* des Bons enfans S. Hon. 997. *f*34
de Bourgogne, 1331. . . . *f*6
des Cholets, 1295. . . . . *g*7
de Clugny, 1269. . . . . *fg*6
de Cornouaille, 1380. . . . *g*6
Dainville, 1380. . . . . . *g*6
des Ecoffois, 1325. . . . . *h*7
Fortet, 1391. . . . . . . *g*7
* Ce Collége n'est point de l'Université.

de Gramont ou Mignon, 1343. *f*6
de Justice, 1358. . . . . *f*6
de Laon, 1313. . . . . . . *h*6
des Lombards, 1348. . . . . *g*7
de Maître Gervais, 1370. . *g*6
de la Merci, 1520. . . . . *g*7
du Mans, 1662. . . . . . . *f*7
S. Michel *avant*, 1348. . . . *h*6
de Narbonne, 1317. . . . . *g*6
des Prémontrés, 1252. . . . *f*6
de Presle, 1313. . . . . . *gh*6
de Rheims, 1412. . . . . . *g*7
Royal, 1300. . . . . *g*6
de Seez, 1427. . . . . . . *g*6
de Tours, 1333. . . . . . . *g*6
des Tréforiers 1268. . . . . *f*6
des Trois Evêques ou de Cambray, 1348. . . . . . . *g*6

ABBAYES, COUVENTS
ET COMMUNAUTÉS D'HOMMES.

Grands Augustins, 1293. . . *f*5
Petits Augustins, 1608. . . *e*5
Barnabites 1629, Abbaye de S.
Eloi en 632. . . . . . . *g*5
Benedictins Anglois, 1674. . *f*8
Bernardins Ord. Cit. 1646. . . *h*6
Blancs-manteaux O. S. B. 1622. *ik*
Capucins (S. Honoré) 1515. . *d*3
——(S. Jâques) 1613. . . *f*8
——(du Marais) 1623. . . *k*4
Carmes Billettes 1631. . . . . *i*5
——déchauffés 1610. . . . . *d*6
——place Maubert 1317. . . *h*6
Célestins O. S. B. 1352. . . . *k*6
Chartreux, 1257. . . . . . . *e*7
Chevaliers du Temple, 1100. *k*3
——de S. J. de Latran, 1200. *g*6
Cordeliers (gr. couvent) 1230. *f*6
Culture Se. Catherine Or. S. Aug.
1230. . . . . *k*5
Doctrine Chr. (foffés S. Victor)
1633. . . . . *h*7
——de Bercy 1677. . . . . . *p*9
——S. Julien, Hôpit. 1630. . *h*4
Feuillans. (S. Honoré) 1577. *d*3
——(rue d'Enfer) 1660. . . *f*7
Frères de la Charité. *e*5
——des Ecoles *d*7
Jacobins (S. Germain) 1632. *d*5
——(S. Honoré) 1612. . . *d*3

ABBAYES , COUVENTS
ET COMMUNAUTÉS DE FILLES.

Se. Anne (Communauté). . h8
S. Antoine O. C. (Abb.) 1198. 06
Se. Aure, 1724. . . . . . . h8
Se. Elisabeth O. S. F. 1616. . . k3
Se. Marie, *voyez* Visitation.
Se. Marthe, 1719. . . . . . i8
Se. Pelagie (Hôpit.). i8
Se. Perpétue. h7
Se. Thecle, 1700. . . . . . d7
Sœurs de la Charité (Communauté) 1653. . . . . i1
Trenelle, 1644. 05
Val de Grace, O. S. B. (Abbaye) 1621. . . . . f8
Visitation Ste Marie, O. S. A. (rue S. Antoine) 1628. . . l56
——(Rue du Bac) 1673. . . c5
——('Faub. S. Jâques) 1626. g7
Union Chrét. (Comm.) 1683. h2
Ursulines S. Jâques O. S. A. 1621. . . . . g3

SEMINAIRES.

des Anglois, 1687. . . . . g8
des Bons Enfans, 1624. . . h7
des Missions étrangeres, 1633. e6
S. Esprit. h7
S. Lazare, 1197. . . . . . i1
S. Louis, 1696. . . . . . f7
S. Magloire, 1620. . . . . f8
S. Marcel. i9
S. Nicolas du Chardonet, 1632. h6
S. Sulpice, 1542. . . . . . . e6
des Trente-trois, 1633. . . . h7

HOPITAUX.

les Audriettes, 1306. monastere de filles en 800 dans une maison où avoit demeuré Ste Geneviève. i5
Bicêtre (*hors du plan*)
le Bon Pasteur. d6
la Charité, 1602. . . . . . . de5
Convalescens, 1652. . . . . c5
l'Enfant Jesus, 1654. . . . . b7
Enfans rouges, 1535. . . . . k3
——trouvés (F. S. Ant.) 1677. n6
——trouvés (Cité) 1638. . . h5
Filles Pénit. du Sauveur. . . . k3
——Se. Valère, 1706. . . . . b4
Hôtel-Dieu, 1660. . . . . gh56

Hospitalières (Place royale) 1629. . . . . i5
——(la Roquette) 1639. . . 045
la Miséricorde, 1624. . . . . h8
S. Thomas. d6
Incurables. c6
Petites Maisons, 1557. . . . d6
les Orphelines, 1710. . . . . e6
la Pitié, 1612. . . . . . . i78
la Providence, 1652. . . . . . g8
les Quinze-vingt, 1254. . . . e4
Se. Catherine, Hôtellerie Ste Opportune, 1000. . . . . . . h4
S. Esprit, 1362. . . . . . . h5
S. Gervais. i5
S. Joseph, 1641. . . . . . . c4
S. Louis, 1608. . . . . . . l12
S. Michel, 1724. . . . . . . h8
S. Pelagie, 1665. . . . . . i8
la Salpêtriere. kl89
Scipion. h8
la Trinité, 1217. . . . . . . h3
les Teigneux, 1655. . . . . d6
Se. Valère, 1515. . . . . . . h8

PAROISSES.

Dans la Cité.

S. Barthélemi, *vers* 890 *Chapelle royale jusqu'en* 966, *Abb. jusqu'en* 1138. . . . . g5
Se. Croix, *bâtie sur un ancien hôpital nommé* S. Hildevert *en* 1112, *Paroisse avant* 1428. g5
S. Denis *du pas*. h6
S. Germain *le vieux* ou *l'Evieux*, *Chapelle de* S. J. Bapt. . g5
S. Landri, *Chapelle du tems de* S. Landri, *Paroisse en* 1460. . h5
Se. Marine *vers* 1214. . . . . h5
la Madeleine *vers* 1190, *auparavant Synagogue*. h5
S. Pierre des Arcis, *Chapelle vers* 1190, *érigée en Paroisse vers* 12**. h5
S. Pierre aux bœufs, *Chapelle vers* 1130, *Par. vers* 12**. h5

Dans la Ville.

S. Eustache, *Chapelle Ste Agnès en* 1200, *rebâtie en Paroisse en* 1532, *le Chœur en* 1624. &

	59
S. Denis du pas *entre* 1100 & 1200. . . . . *h*6	S. Bon, *autrefois* S. Colombe. *h*4
S. Etienne des Grès *vers* 600. *g*7	S. Clair. *f*4
S. Honoré, 1204. . . . . . . *f*5	S. Eloi, *Hôpital & Chapelle*, 1399. . . . . *g*4
S. Jâques l'hôpital, 1332. . *h*3	S. Joseph. *g*2
S. Marcel *vers* 768, *rebâtie en* 1040. . . . . *hi*9	S. Julien le pauvre *vers* 500. . *g*9
S. Merri. *h*4	S. Luc, *Collégiale sous le nom de* S. Syphorien, *vers* 1200 *jusqu'en* 1704. . . . . *h*5
Notre Dame, 1160. . . . . *h*56	Se. Marie Egyptienne *ou la* Jussienne en 1332. . . . . . . *g*3
S. Opportune, 853. . . . . *gh*4	S. Michel en 1250. . . . . . . *g*5
S. Sepulchre, Hôpit. en 1359. *h*4	de la nation de Picardie en 1487. . . . . *g*6
S. Thomas ou S. Louis du Louvre, en 1200. . . . . *e*4	N. D. de Lorette. *f*1
	S. Pierre *près l'Abbaye S. Antoi*ne. 06
Chapelles.	S. Yves, *vers* 1348. . . . . . . *g*6
Se. Anne *à la nouvelle France.* *k*1	
S. Blaise & S. Louis. (R. Galande) *g*6	

DISTRIBUTION DES QUARTIERS.   DEMEURE DES COMMISSAIRES.

DISTRIBUTION DES QUARTIERS.	DEMEURE DES COMMISSAIRES.	
I. La Cité.	Rue de la Calendre.	*g*5
	des Marmouzets.	*h*5
	Isle S. Louis.	*c*6
II. S. Jâques de la Boucherie. . .	de la vieille Monnoie. . . .	*h*4
	Quimquempoix.	*h*4
III. S. Opportune.	de la Ferronerie.	*g*4
	Bertin-Poirée.	*g*4
VI. le Louvre.	S. Honoré près { la R. d'Orleans. *f*4 / la R. du Roule. *g*4 }	
V. le Palais Royal.	S. Thomas du Louvre. . . .	*e*4
	de l'Echelle.	*e*3
	S. Honoré vis-à-vis S. Roch.	*e*3
VI. Montmartre.	de la Feuillade.	*f*3
	Neuve S. Eustache.	*g*3
VII. S. Eustache.	Plâtrière.	*g*3
	Mont. vis-à-vis la R. du Jour.	*g*3
VIII. les Halles.	des Prêcheurs.	*h*4
	de la grande Truanderie. .	*g*3
IX. S. Denis.	vis-à-vis la Coméd. italienne.	*g*3
	rue S. Denis près S. Sauveur. .	*h*3
	aux Oues.	*h*3
X. S. Martin.	Simon le Franc.	*hi*4
	près les Consuls.	*h*4
	Grenier S. Lazare.	*t*4
XI. la Grève.	du Mouton.	*h*5
	des Arcis.	*h*4
XII. S. Paul.	Geoffroi Lasnier.	*t*5
	S. Paul.	*k*5
XIII. S. Avoye.	des Billettes.	*t*5
	Bar du Bec.	*t*4

XIV. le Temple. . . . . {	Vieille rue du Temple, vis-à-vis celle de Braque. *k*4
	près l'Echelle du Temple. . . *i*4
XV. S. Antoine. . . . . {	Cul-de-Sac de Guimené. . . *l*5
	du Roi de Sicile. *i*5
	dans le Faub. rue S. Nicolas. *m*6
XVI. Place Maubert. . . . . . {	de la Montagne Ste Géneviève. *h*6
	Place Maubert. *h*6
XVII. S. Benoît. . . . . . . {	S. Julien le pauvre. . . . *g*6
	des Noyers. *g*6
XVIII. S. André. . . . . . . {	S André près l'égoût. . . *f*5
	Gil-le-cœur. *g*5
	S. Severin. *g*6
XIX. Luxembourg. . . . . . {	vis-à-vis la Coméd. françoise. *f*6
	du Four près celle des Canettes. *c*6
	des Quatre-vents. *f*6
XX. S. Germain des prez. . . {	du Four près le Marché. . . *c*6
	Mazarine. *f*3
	S. Benoît vis-à-vis celle de Tarane. *c*5

Il ne paroîtra peut-être pas indifférent de voir inseré ici une division particulière de la ville de Paris en *sept Quartiers*, que M. Dupré Commissaire honoraire a bien voulu me communiquer. Elle est tirée du Livre rouge vieux, fol. 178, & elle peut être attribuée entre les années 1399 & 1417, c'est-à-dire, au regne de Charles VI, comme on le voit par les noms des Officiers nommés à ces quartiers. Je la rapporterai dans le vrai stile, & pourra servir pour le détail que j'espère donner dans la suite suivant les différentes époques.

Le premier Quartier.

L'Université ou la Place Maubert. Toutes les rues outre petit Pont, quelques elles soient, avec les Portes.

Le second Quartier.

La Cité de Paris & le grand Pont jusques à S. Lieffroy, avec toutes les rues étant en la Cité & sur la riviere d'icelle partie.

Le troisie'me Quartier.

S. Denis. La grant rue S. Denis d'une partie & d'autre, tout au long, depuis S. Lieffroi jusqu'à la * bastide S. Denis, comprins ens icelle bastide, la grant rue S. Martin d'une partie & d'autre tout au long, la bastide S. Martin & les planches de Mibray, avec toutes les petites rues.

Le quatrie'me Quartier.

S. Antoine. Les rues de la Tannerie, de l'Ecorcerie, à prendre des planches de Mibray, la Venneric, la rue de la Verrerie, en allant tout au

* Ou Porte.

long jusqu'à la bastide S. Antoine , comprins ens ladite bastide en revenant d'icelle bastide par dessus la riviere jusqu'auxdites planches de Mibray , comprins en le cymetière S. Jehan , la place de Grève avec toutes les rues d'entre deux , icelles rues toutes d'une part & d'autre.

LE CINQUIE'ME QUARTIER.

Le Marais du Temple. La rue neuve S. Merry tout au long jusqu'à sainte Katherine du Val des Ecoliers , les rues d'entre icelles , rue S. Merry & la Verrerie aboutissant en icelle Verrerie , la rue de la fontaine Maubuée , la rue Greniers S. Ladre & toutes les rues qui font depuis ladite rue neuve S. Merry jusqu'à la bastide S. Martin , en allant d'icelle bastide tout au long à la bastide S. Antoine , & d'icelle bastide S. Antoine retournant jusqu'au carrefour S. Merry , avec toutes les rues qui font en icelles.

LE SIXIE'ME QUARTIER.

S. Honoré. La rue des Bouticles joignant du Châtelet en deffendant fur la rivière jufques aux murs de Paris , la rue de la Saunerie , de S. Germain de l'Auxerrois tout au long d'une partie & d'autre jufqu'en l'Eglife , la rue de la Feronnerie de devant le cymetière S. Ynofcent , tout au long de la rue S. Honoré d'une partie & d'autre jufque à la bastide , comprins ens icelle bastide avec toutes les rues d'entre icelle rue.

LE SEPTIE'ME QUARTIER.

Les Halles. La rue aux Fevres près S. Ynofcent , la Coffonerie , la Truanderie , & toutes les rues qui font depuis icelles jufqu'à la bastide S. Denis & de ce renc , comprins ens les Halles , & toutes les rues enclavées en allant de S. Ynofcent à la bastide S. Honoré , & revenant jufqu'à la bastide S. Denis.

Nota. A chacun de ces Quartiers font nommés les Officiers , examinateurs & Sergens par nom & furnom.

Nous invitons les perfonnes qui remarqueront dans la Table des Rues , culs-de-fac , &c des noms anciens oubliés , de vouloir bien nous en faire part ; nous ne manquerons pas d'y avoir égard dans une nouvelle édition de ce mémoire.

APPROBATION.

J'Ai lû par ordre de Monfeigneur le Chancelier l'ouvrage intitulé *Mémoire fur le nouveau Plan de Paris ,* & je n'y ai rien trouvé qui en doive empêcher l'impreffion. A Paris ce 8 Mai 1760.

GIBERT.

Le Privilège eft imprimé à la fin du Difcours préliminaire de l'Atlas.

LISTE
DES OUVRAGES GÉOGRAPHIQUES
de Messieurs SANSON, ROBERT & VAUGONDY,
Géographes ordinaires du Roi.

Globes Céleste & Terrestre de 18 pouces de diametre, faits par ordre du Roi, 1752.
Globes Céleste & Terrestre, Sphères de Ptolomée & de Copernic, de 9 pouces.
Idem de 6 pouces & demi.

Usages des Globes, suivant les deux Systèmes, in-12 1752.

Atlas portatif, 2 vol in-4°. 1748.
Grand Atlas in-folio, de 108 Cartes.
  Grand papier en feuilles 138 liv.
  Petit papier 114 liv.
Mappemonde, 1749.
Asie, avec sa table méthodique, 1749.
Afrique, &c. 1749. Isle de Madagascar.
Europe, &c. 1749.

Isles Britanniques.

Royaume d'Angleterre.
Northumberland.
Mercie, East-Angles. Kent, Essex, Sussex.
Environs de Londres, ou Cours de la Tamise, 1759.
West Sex.
Principauté de Galles.
Royaume d'Ecosse.
Ecosse 2 feuil.
Environs d'Edenburg, 1759.
Isles Orcades.
Royaume d'Irlande.
Irlande septentrionale.
Irlande méridionale.

Couronnes du Nord, 2 feuil. 1759.

Danemark 1 & 2 feuil.
Norwège & 5 feuilles de détail.
Suède & 12 feuilles de détail.
Islande.

Empire des Russes, 2 feuilles.

Livonie.
France.

Rivières de France.
Picardie & Artois, Boulonois, &c. 1759.
Normandie, 1758.
Bretagne, 1758.
Poitou, Aunis, Saintonge & Angoumois, 1759.
Lorraine.
Alsace.
Berri, Nivernois & Bourbonnois, 1759.
Guienne & Gascogne.
Languedoc, 1759.
Roussillon.

Empire d'Allemagne, 1746.

Pays-Bas Catholiques.
Campagnes de Louis XIV & de Louis XV en Flandre.
Flandre 2 feuil.
Brabant 2 feuil.
Limbourg.
Luxembourg.
Provinces-Unies.
Gueldre 2 feuil.
Westphalie
Cercle des 4 Electeurs, 1746.
Franconie.
Souabe.
Bavière.
Tirol.
Archiduché d'Autriche.
Styrie, Carinthie, Carniole.
Bohême.
Silésie, Moravie, Lusace.
Haute Saxe.
Electorat de Brandebourg.
Poméranie.
Haute partie de Basse Saxe, ou El. d'Han.
Basse partie de Basse Saxe.

Royaume de Pologne 1759.

Haute Pologne.
Basse Pologne.
Mazovie & Polaquie.
Royaume de Prusse.
Curlande & Samogitie.
Lithuanie où est Wilna.
——Polosck.
——Novogrodeck.
——Minski.
Haute Wolhynie.
Basse Wolhynie.
Haute Podolie.
Basse Podolie.

Espagne.

Castille septentrionale.
Castille méridionale.
Etats d'Aragon.
Royaume d'Aragon.
Royaume de Navarre.
Catalogne.
Royaume de Portugal.
le même . . . en deux feuilles

Italie 1743.

Haute Lombardie.
Etats de l'Eglise & de Toscane.
Royaume de Naples, 2 feuilles.
Savoye, 2 feuilles.

Piémont.
Cours du Po , 1742.
Baſſe Lombardie.
Iſle de Sicile.
Iſles de Corſe & Sardaigne.
Partie ſeptentrionale de la Turquie d'Europe.
Partie méridionale.
Dalmacie.
Tranſilvanie.
Petite Tartarie.
Candie.
Amérique , avec ſa table méthodique , 1749.
Canada , dédié à Mr. le Comte d'Argenſon , 1753.
S. Domingue.

Evêchés.

Gallia vetus.
France Eccléſiaſtique & ſa table.
Lugdunenſis prima.
Archevêché de Lyon , 4 feuilles.
Dijon.
Autun , 2 feuilles.
Châllon ſur Saone.
Mâcon.
Evreux.
Langres , 2 feuilles.
Archevêché de Tours.
Angers.
Lugdunenſis quarta.
Archevêché de Sens , 2 feuilles
Auxerre.
Troyes.
Nevers
Chartres.
Blois.
Orléans
Archevêché de Beſançon , 4 feuilles.
Belgica.
la même françoiſe.
Belgica prima.
Archevêché de Trêves , 3 feuilles.
Metz , 2 feuilles.
Toul , 3 feuilles.
Verdun.
Belgica ſecunda.
Archevêché de Rheims , 2 feuilles.
Chaalons ſur Marne.
Soiſſons.
Laon.
Beauvais & Senlis.
Amiens , 2 feuilles.
Boulogne.
Archevêché de Cambrai.
Arras
Worms.
Spire.
Straſbourg.
Germania ſecunda.
Puy.
Archevêché d'Alby.
Poitiers , 2 feuilles.
la Rochelle.
Luçon.

Noyon.
Angoulême.
Périgueux.
Sarlat.
Agen.
Archevêché d'Auch.
Perpignan.

GEOGRAPHIE ANCIENNE.

Orbis vetus.
Aſia.
Africa.
Ægyptus.
Europa.
Atlantis Inſula.
Aſia minor.
Trojanum regnum.
Paphlagonia.
Ponti Regio , ſeu Mithridatis regnum, 2 feuilles.
Armenia.
Galatia.
Pamphilia & Piſidia.
Lycaonia.
Cilicia.
Colchis , Iberia , Albania.
Cyprus Inſula.
Perſarum Imperium.
Alexandri Magni Imperium.
Carte pour l'Hiſtoire ancienne de M. Rollin. 2 feuilles. 1737.
Romanum Imperium. 2 feuilles.
Expéditions d'Annibal.
——— d'Alcibiade.
——— de Pyrrhus.
Tabula Geographica ex Juſtino.
Britannicæ Inſulæ.
Baltia & Scandia.
Sarmatia.
Cimmeria.
Boſphorus Cimmerius.
Gallia ex Cæſare.
Gallia antiqua.
Galliarum deſcriptio. 1738.
Imperium Caroli Magni. 1743.
Franciæ ſtatus ſub regibus primæ ſtirpis.
Germania antiqua.
Germano-Sarmatia.
Hiſpania antiqua.
Italia antiqua. 1743.
Sicilia antiqua. 1743.
Illyricum Occidentis.
Illyricum Orientis.
Boſphorus Thracius.
Voyage d'Enée.
Græcia.
Græcia fœderata ex Homero.
Creta Inſula.

Geographia Sacra.

Paradis Terreſtre.
Orbis Biblis ſacris cognitus.
la même françoiſe.
Ælamitarum Imperium.

Terre de Canaan, 1743.
Judæa feu Terra Sancta.
Terre des Hebreux, 1745.
Judæa ad mentem Eufebii, 1743.
J. C. & Apoſtol. Petri & Pauli peregrin.
la même françoiſe avec le Re d'Herode.
Concilia, 2 feuilles.
Patriarchatus antiqui.
Aſſyriorum Imperium.

Cartes de pluſieurs feuilles

Mappemonde, ſelon la projection des cartes réduites, 4 feuil. 1760.
Europe 4 feuil. 1760.
Aſie 4 feuil. 1760.
Afrique 4. feuil. 1760.

Amérique 4 feuil. 1760.
Iſles Britanniques, 4 feuil.
France, 2 & 4 feuil.
Allemagne, 4 feuil.
Pologne, 4 feuil.
Efpagne, 4 feuil.
Italie, 4 feuil.
Alſace, 6 feuil.
Mer Mediterranée, 2 feuil. 1759.
Indes Orientales, 2 feuil. 1759.
Plan de Paris de M. de Vaugondy, 1760. petit papier qui eſt le colombier. . . . . , . . . 21 8ſ
Plan de l'Ecole royale militaire. 12ſ
Mémoire ſur les différens accroiſſemens de la ville de Paris. 11 4ſ

Les perſonnes qui deſireront avoir ce Plan imprimé en grand papier, c'eſt-à-dire ſur grand aigle, le payeront 3. livres, & 6. livres monté en toile & gorge.

Il ne coute que 5. livres en petit papier pareillement monté.

AVERTISSEMENT.

Comme l'Auteur donne des leçons de Mathematiques & de Géographie, il croit devoir avertir les perſonnes qui voudroient s'adreſſer à lui, qu'on le trouve plus aiſément les après midi, deſtinant ſes matinées pour aller en ville.

ERRATA.

Pag. 5 *lig.* 23, ouvrages, *liſez* ouvrage.
Pag. 15 *lig.* 19, Bretonvilliers, *liſez* Beauvilliers.
Pag. 16 *lig.* 4, Montorgueil, *liſez* Mauconſeil.
Idem lig. 16, par la rue de Grenelle, *liſez* parallélement à la rue de Grenelle.
Idem de Verthamont, *liſez* d'Aligre autrefois de Verthamont.
Pag. 19 *lig.* 12, *après* faubourg, *ajoutez* pour l'entrée d'Henri III à ſon retour de Pologne.
Idem lig. 30, venoit le long de la rue S. Nicaiſe, *liſez* venoit le long du Carouſel, parallélement à la rue S Nicaiſe.
Pag. 36 *lig.* 27, des Foſſés S. Marcel, *ajoutez* ou de la vieille Eſtrapade.
Idem lig. 34, des Foſſés S. Victor, *ajoutez* ou de la Doctrine chrétienne.
Idem lig. 40, de Fourci ſ5, *ajoutez* 17.
Idem lig. 42, rue du Four baſſet, *ajoutez* elle eſt condamnée.